賤民と差別の起源

イチからエタへ

筒井 功

河出書房新社

はじめに

穢多《えた》・非人等の身分・職業とも今後、平民同様とする旨の太政官《だじょうかん》布告（いわゆる賤民解放令）が発せられたのは明治四年（一八七一）八月のことである。右の「等」とは、それまで地域によって「穢多」「非人」とは違う呼称の賤民が存在していたので、その人びとをも含めることを意味している。つまり、ざっと一世紀半ほど前に、わが国からいっさいの被差別身分が消滅したはずであった。

しかし、それはあくまで法制度上のことで、現実には差別が生きつづけてきたことは周知のとおりである。今日でも「改善はしたが、なくなってはいない」あるいは「なくなってはいないが改善はしている」といった状態にあるといえるのではないか。その差別が、ときに人を死にいたらしめたことも、ずっと昔の話ではなかった。

一般に「部落差別」と呼ばれる、この社会的差別には奇妙な特徴がある。差別される方にも差別する側にも、なぜそうされるのか、するのか確かな理由がまるでわかっていないところである。見当違いの俗説を信じている人もいれば、それらしいこじつけをする場合もあるだろう。だが、だいたいは少し考えれば、すぐ事実と異なることに気づくような不自然な理解だといって過言ではない。

もちろん、差別に正当な根拠などあるはずがない。しかし、なぜ差別が生まれたのか、それを生み出すにいたった由来はある。差別・賤視の対象になった人びとが、怒りや悲しみとは別に「なぜ自分たちが」という不審の思いを抱くのは当然であり、それはさまざまな形で文章化されてもいる。これは、およそ自らが暮らす社会に多少なりとも関心をもつ者なら、だれしもが覚える疑問でもあるに違いない。

部落差別の根源をさぐろうとする試みは少なくない。部落問題や部落史などの研究者から、いくつもの考え方が提起されている。詳しく見ていけば、それらには微妙な違いがあり、おそらく全く同じものは一つとしてあるまい。ただ、おおまかな骨格を基準にした場合、何通りかに分類できるのではないかと思う。それらは本文で紹介するように、しばしば何々説といった名を付けて呼ばれている。

そういう感じで卑見に名を与えるとすると、「呪的《じゅてき》能力者差別説」とでもなるだろう。これでは聞きなれないばかりか、何のことかぴんと来ないと思われるので、とりあえずごく簡単に骨子を説明しておきたい。

呪的能力とは、例えば病気を治すとか、干天に雨を降らせるなどの特別な力のことである。一種の宗教的超能力ないしは、そうみなされている力だと言い換えることもできる。それをそなえている人に対して抱く恐れが、のちに差別に転化する、それが部落差別の根源であるとするのである。いきなりこんな話をしても、ほとんどの人にはとても信じられまい。どうしてそれが、典型的には斃《へい》牛馬の処理にかかわった人びとに対する差別につながるのか、そんな馬鹿なことがあるはずがないという反論が聞こえてきそうな気がする。

しかし、細部はともかく大筋としては似たような立場に立つ研究者はいる。いわゆる「宗教起源説」などにも、卑見と共通する部分があると思う。また、穢《けが》れを清める職能・能力に起源を求める見解とも部分的に通じている。

ただし卑見には、それらにはない明白な主張がある。現在、「穢多」なる言葉の語源については定説も有力な通説もないが、それを「イチ」という言葉と同語源だとする点である。この意見に対しては、部落差別の根源を呪的能力者差別に置く以上に、首をかしげる方が多いことだろう。エタとイチでは音にややへだたりがあり、イチが何を意味するか知っている人は、ごく少ないと思われるからである。何しろ、わが国で最大の収録語数をもつ小学館の『日本国語大辞典』の「いち」の項にも「神楽を舞ういちこ。みこ」の意の方言として、この語を使う地方がある旨を記すだけにすぎない。これはもちろん、市場（マーケット）や市街などの語義を除いてのことである。

イチはたしかに、とくに中央の文章語には、あまり現れなかった。だから、右の国語辞典をはじめ、多くの辞典・事典類にほとんど、または全く出てこないのである。だが、この言葉は日常語・民俗語としては、きわめてひんぱんに使用されていた。だれでも知っている、ありふれた言葉であった。のちに詳しく紹介するように、その証拠は豊富に残っている。

「イチ」とは、「神と人をつなぐ人」のことである。一種の宗教者である。外来語になるが、「シャーマン」とほぼ同義になる。

東北地方の盲目の巫女《ふじょ》「イタコ」のイタは、同じ言葉が訛ったものである。「コ」は、人といったほどの意である。沖縄の「ユタ」も、これにほかならない。明治の初め、「人民を眩惑せしめる」との理由で、その祈禱を政府が禁止した「イチコ」のイチも同様である。中・近世の文献に散見される下級宗教者「イタカ」についても、同じことがいえる。

すぐには信じない方が多いだろうが、映画などで知られる「座頭市」のイチも、実はこれである。むろん座頭市は架空の人物だが、盲人には名前の語尾に「イチ」を付ける習慣があった。それを「イチナ(名)」という。盲人は五感の一つを失うことによって、常人にはない一種の宗教的能力を身につけることが経験的に知られていた。だから、イタコがそうであったように、シャーマンにえらばれることが珍しくなかった。盲人が「〇〇イチ」を名乗るのは、その名残りである。

「エタ」は、右のイタ・ユタ・イチなどとは音が少し違っている。だが、その距離は、そんなに遠くはない。転訛の範囲内だといってよいだろう。もちろん、わたしは音の類似だけをたよりにエタとイチなどとの語源の同一を言わんとしているのではない。

エタは、あるいはエタと同様の差別を受けていた人びとは、その根源までさかのぼっていけばいくほど、イチすなわち呪的能力者の姿に近づく。彼らは元来は畏敬の対象であった。ことに、その能力が正当に発揮されたとみなされたときは、神に対すると同じような尊崇を受けた。ただ、神との仲介に失敗すれば、きびしい罰が待っていた。呪的能力者はもともと、そのような両義的存在であった。

それに加えて、時代がすすむにしたがい、合理的思考が社会に根づいてくると、イチそのものの零落が始まる。病気が治ったり、雨が降ったりするのは神のせいでも神に祈りをささげる者、つまりイチのせいでもないことに人びとが、だんだん気づくようになったのである。卑見では、これがイチ（エタ）差別の根源である。

それを実証するには、十分な量の具体的事実を示す必要がある。本書はイチの側からと、穢多の側との双方から、それを立証しようとする試みである。

「エタ」に「穢多」の漢字が宛てられたのは、少なくとも鎌倉時代までさかのぼる。「穢れ多い」の意味をもつこの表記は、そう呼ばれる人びとにはげしい嫌悪感と拒絶感を与えてきた。今日でも、この言葉の使用をできるだけ避ける方針をとっている研究者も少なくない。

しかし、本書のような内容を扱おうとする以上、それはできないことになる。ほかにも、被差別民を指すさまざまな呼称をそのまま使い、あからさまな差別語を随所で用いることになるが、この点については本書が期するところをご理解いただき寛恕を請いたい。また、「賤民」の語も頻出するが、これは「賤視されていた人びと」の義である。

なお、この種の著述の慣例にしたがい、文中ではどなたに対しても敬称は略させていただいた。

賤民と差別の起源

イチからエタへ

◉

目次

第五章　箕作り・渡し守は、なぜ差別されたか　84

第六章　地名から見える「イチ」の昔　106

第七章　「坂ノ者」小史

第八章　雨乞いの今昔

賤民と差別の起源

イチからエタへ

第一章　中世の被差別民たちの姿

1　「エタ」の語は、いつ現れるか

わが国の被差別民史は、古代にまでさかのぼる。大宝元年（七〇一）制定の「大宝律令」には、「五色《ごしき》の賤《せん》」と呼ばれる五種類の賤民についての規定が記されていた。当時すでに法制上の賤民が存在したのである。

しかし、その性格は中世以後の、はるかに多様な被差別民たちとはやや違ったところがあり、実態にも不明な点が多いので、この集団のことはあとまわしにして、まず中世賤民の話から始めることにしたい。それには「エタ」なる賤民呼称が、いつから使われていたかを取上げると、被差別民史の流れが把握しやすくなるように思う。エタという言葉は中世を通じて広く使われていたばかりでなく、江戸時代の中期から今日に至るまで被差別民を指す最も代表的な語でありつづけているからである。

エタの語が初めて現れる資料は、鎌倉時代の弘安年間（一二七八―八八年）ごろに成立した『塵袋《ちりぶくろ》』だというのが、現今の通説となっている。同書は問答形式、漢字・片仮名まじりの国語辞典ないしは百科事典である。著者は特定されていない。そのエタ関連部分は次のようになっている。

〈キヨメヲエタト云フハ何ナル詞《こと》バゾ　穢多（ここまでが問い。次が答である＝引用者）根本ハ餌《え》取《とり》ト云フベキ歟《か》（中略）エトリヲハヤクイヒテ、イヒユガメテエタト云ヘリ（中略）非人カタヒエタナド、人マジロヒモセヌ、オナジサマノモノナレバ、マギラカシテ非人ノ名ヲエタニツケタル也（中略）イキ物ヲ殺《ころし》テウルエタ躰《てい》ノ悪人ナリ〉（原文には濁点、読点が付いていない。振り仮名と合わせて引用者が付した）

問いは、「清め」と呼ばれる者たちを「エタ」というのはなぜなのか、の意である。それに対する答は、エトリ（鷹狩りのタカに与える餌を用意する職能民）の語を「はやく言いゆがめて」つまり、その音が訛ってエタになったのであろう、としている。事典を編むほどの者にも、すでに原義不明になっていたらしいことがわかる。

なお、文中のカタイとは、漢字では「傍居《かたい》」と書くべき言葉で、乞食やハンセン病者を指していた。ハンセン病者は発病後は、多くが路傍で物乞いをして生活するほかなかったからである。当時は、きびしい賤視の対象になっていた。エタも同じように「人まじろい（人交

『天狗草紙』（1296年ごろ）に描かれた穢多童。ちょっと見にくいが、皮なめし場で穢多童が天狗の首をひねって殺している。

わり）」ができない存在だと『塵袋』の著者は述べているのである。

問いの最後の「穢多」の漢字二字は、すでに失われた原典にあったものではなく、いま残っている写本の筆者による書込みだと考える研究者が多いようである。この文字を入れると、前後がつながりにくいことからみて、その可能性が高いといえる。したがって、同書はエタなる語の初出例ではあっても、「穢多」の表記を用いた最初の文献とするには疑問が残る。

ただし、永仁四年（一二九六）成立の絵巻『天狗草紙』（著者不明）には、河原に干された牛か馬の皮の横で「穢《え》多童《たわらわ》」が天狗の首をひねって殺している絵とともに、「穢多」「穢多童」の文字を記した詞書《ことばがき》が見えている。一三世紀中にはすでに、「穢多」の漢字表記ができていたのである。

2　皮細工を生業としていた

『天狗草紙』では、とくに絵によって「穢多」と皮革生産とのかかわりが明瞭に示されてい
る。ここに見えるエタは、河原（詞書には京都の四條河原とある）で、おそらく死牛馬を解体処理し、その皮をなめしたり乾かしたりしていたのである。

それから二〇〇年ほどのちの一五〇〇年ごろに書かれた、絵入りの『七十一番職人歌合《うたあわせ》』の三十六番に出てくる「穢多」は、ちょうど牛か馬の皮を広げて乾燥させる作業中の姿が描かれている。穢多の歌の一首は、

人ながら如是《にょぜ》畜生ぞ馬牛の
かはらのもの丶月みてもなぞ（濁点は引用者）

となっている。

右に多少の説明を加えておくと、「如是」とは「かくのごとき」という意の仏教用語であり、「かはら」は「骨」のことである。彼らは「河原者」とも呼ばれていたので、馬牛の「かはら」と河原者の「かはら」をかけて詠んだのである。要するに、この歌合せの穢多は皮革生産に当たる職能民として表現されている。

『塵袋』でも、エタは生き物を殺して売る、と理解されていた。文安元年（一四四四）成立の国語辞書『下学集《かがくしゅう》』（著者未詳）でも、「ゑた」は「屠児也《とじなり》、河原者《かわらもの》」と説明されている。ほかにも、エタと牛馬の解体＝皮革生産とを結びつけた中世の記録は少なくない。

一五世紀になると、彼らを呼ぶのに「かわた」の別称が現れる。資料上の初見は、永享二年（一四三〇）十一月二日付けの土佐国香美《かみ》郡の「下人《げにん》売券」だとされている。しかし、この言葉は戦国時代ごろには、むしろ近畿・中部地方で広く流布していたようである。その辺については、のちに触れる機会があるだろう。

『七十一番職人歌合』（1500年ごろ）に見える穢多（『群書類従』版より）。

いずれであれ、「かわた」は漢字では「皮太」とでも書くべき言葉であった。皮は、いうまでもなく牛馬の皮革のことである。太（多、田と表記しても同じだが）は、「よた（愚か者）」「めんた（女性に対する蔑称）」「ばんた（番をする者、非人の別称で蔑称）」などのタである。

とにかく、中世の文献に見えるエタは、皮革生産に従う職能民の姿をしているといえる。それは近世・近代になると一層はっきりしてくる。エタと皮革職能民とは、あたかも同義であるかのごとき観を呈するのは、周知のとおりである。

実際には、とくに中世のエタはもっと多様な性格をもつ存在であったが、文字資料には、先のような集団として登場することが多かったのである。その主な理由に中世が戦乱の時代であったことが挙げられる。

牛馬の皮革の最大の用途は、武具と馬具である。馬具にしろ、広い意味では武具の一種になる。戦乱がつづけばつづくほど、武士たちのあいだで需要が高まるのである。武士の頭領たちは、きそって自らの領内へ皮職人を招聘したのだった。

東北地方には、もともと専業の皮職人は少なく、彼らを賤視する文化もなかったと思われる。今日、東北にも被差別部落（以下、部落と略すこともある）と部落差別が存在するが、それはこの時代、皮革技術の先進地だった近畿地方から皮職人を呼び寄せて始まったと考えてよいだろう。皮職人とともに、その職人差別も移植されたのである。

例えば、戦国大名の上杉謙信（一五三〇—七八年）を生んだ上杉氏は、もとは現新潟県上越市の春日山《かすがやま》城に拠っていた。当初、上杉領内の「穢多町」は直江津の海沿いにあり、紫屋又兵衛なる者が配下の六、七戸とともに上杉氏に皮革製品を上納していた。この人びとの出自は確かめられないが、おそらく畿内のどこかから招かれたと思われる。

その後、紫屋が率いる集団は、いまの上越市街へ移り、慶長三年（一五九八）には上杉氏の現福島県会津若松市への国替えにともなって移住、さらに同六年の山形県米沢市への移封の際にも付きしたがっている。上杉氏に求められて、その行く先々へついていったのであろう。

彼らが住んだ上越市高田、会津若松、米沢には、それぞれ穢多町がもうけられ、そこは現在でも北陸や東北には珍しい大規模な被差別部落になって残っている。

彼らは決して、皮革生産だけを生計のたよりにしていたわけではない。後述のように、猿《さる》引《ひき》（今日、猿まわしと言っている稼業）が生業の一つであったことははっきりしているが、ほかにもいくつかの仕事を兼ねていた可能性が高い。しかし、権力者たちが関心をもっていたのは、もっぱら皮革製品の方であった。その結果、彼らは文献には皮職人として登場するのである。

3　彼らには、さまざまな顔があった

「エタ」は元来、皮革生産者・皮細工職人を指す言葉ではなかった。これは言葉だけの問題ではなく、実態においてもそうであった。時代が下るにしたがい、とくに言葉のうえではエタと皮革との結びつきが強まる傾向があったが、実態の点では江戸時代を通じて、そして部分的には近代になっても、彼らはずっと多様な顔をもつ集団であった。

このあたりのことは本書の主要な論点の一つであり、これから順を追って、いろんな角度から具体的に取上げていくことになるので、いまは当面の話の理解を助ける意味で、ほんの二、三の事例を紹介するだけにしておきたい。

『塵袋』の問答から明らかなように、一三世紀後半ごろエタはキヨメ（漢字ではふつう清目と書いた）とも呼ばれていた。というより、キヨメの方がむしろ一般的な呼称であったらしく受け取れる。キヨメはむろん、汚れを清める者の意である。「穢れ多い」どころか、清める者としての呼び名が付けられていたのである。

その中には、掃除も含まれていた。この職掌は江戸期にまで受け継がれて、各地のエタはしばしば領主の城や城下を掃除する役負担を負っていた。京都の「えた頭」下村庄助《しもむらしょうすけ》（勝介）が、京都所司代から二条城の掃除役を命じられたのは寛永年間（一六二四—四四年）のことであった。

エタではないが、会津藩の一種の賤民「イタカ」（詳しくは後述）は、若松城（鶴ヶ城）の掃除役を課される対価に夷札《えびすふだ》の配札と飴の専売権を認められていた。また、徳島藩などには「掃除」の名をもつエタとは別の賤民がいた。これらは、被差別民ゆえに人の嫌がる仕事を押しつけられたように考える向きもあるだろうが、のちに詳述するように両者の関係はもっと本質的なものであった。次などは、そのような説明では解釈がつかない例だといえる。

室町時代後期、エタが庭作り（作庭）にかかわることが少なくなかった。その一人、善阿《ぜんあ》弥《み》（一三八六—一四八二年）は奈良・興福寺大乗院の庭園改築などを手がけ、「築山引水の妙手、比倫無し」と評されていた。善阿弥が晩年、病床に臥したとき室町幕府の八代将軍、足利義政は使者を通じて高貴な薬を届けさせたりしている。子の小四郎、孫の又四郎も著名な作庭師であった。そうでありながら、彼らがエタと同じ賤民集団に属していたことは、「エタ善阿弥」の呼び名があったことや、又四郎が「それがし屠家《とか》に生まれしを一心に悲しむ」と嘆いたことから明らかである。

井戸掘りも、エタの職掌とされていたらしい。中原師守《もろもり》の日記『師守記』貞治元年（一三六二）十二月六日条には、井戸が涸れて「穢多」に掘らせ「鳥目《ちょうもく》（銭）一連」を与えた旨が記されており、そのような場合、エタに依頼することになっていたようである。

ほかにもエタや、その他の被差別民が専業的にかかわった仕事は少なくない。そうして、エタとそれ以外の被差別民とのなりわいは、しばしば重なっていた。卑見では、これらの集団はみな根源を一つにしていたからである。エタは決して、ほかの被差別集団と別種の存在ではなかった。この点については、のちに改めて取上げていくことにするが、いま言っておきたいのは、エタと皮革生産との関係を重視しすぎるのは誤った理解に陥りやすいということである。

4　「エタ」の語源についての諸説

何かの本質的な意味を知ろうとするとき、それを指す言葉の語源をさぐることは最も有力な方法の一つである。

エタの語源についていえば、説らしい説は『塵袋』の著者による「餌取の転訛説」しかない。ともに室町時代の百科事典『壒嚢鈔《あいのうしょう》（抄とも）』（一四四六年）や『塵添壒嚢鈔《じんてんあいのうしょう》』（一五三二年）などもこれに従い、江戸時代を通じて定説のようになっていた。

明治以降では、言語学者・国語学者で『広辞苑』の編纂に当たった新村出《しんむらいずる》らが、この説を強く支持した。一方、わが国の被差別民史研究に先鞭をつけた民俗学者の柳田國男、歴史家の喜田貞吉《きたさだきち》などは一説たることは認めつつも、なお疑うべき余地があるとしていた。

卑見との関係では、柳田が早く大正二年（一九一三）に発表した「所謂《いわゆる》特殊部落ノ種類」の中で述べた次の一文がある。

〈仮ニ説ヲ立レバ「エタ」ハ下級ノ巫祝《ふしゅく》ノ名タル「イタカ」又ハ「ユタ」或イハ薩州ナドニテ婢女《はしため》ノ通称トスル「エダ」ナドト関係ナキヲ保セズ〉

喜田は、ときどき所論を変更することで知られている。学問・研究上の知見は日々、発展・深化していくものだから、旧説の破棄は当然だと考えていたのである。エタの語源をめぐっては、大正八年の「『エタ』名義考」で、餌取説には「いささか疑問の禁じ得ないものがないでもない」として、オロッコ人の自称「エッタ・イエッタ」からの転訛説と、「穢《え》人《びと》」の意ではなかったかとの二説を加えている。

前者は、ツングース（固有満州族）系の北方少数民族オロッコが、かつては日本にも住んでいたとして、その肉食習慣と前記のような自称からエタの語源になったのではないかとするのである。後者は、エタがキヨメとも呼ばれていたことからの仮定であった。しかし、これらはのちに撤回されている。ついでながら、オロッコはアイヌが彼らを呼ぶときの名であり、彼ら自身は「ウィルタ」と称している。エタ・イエッタとは音が少し違うようである。

ほかにも、エタは「江田」の義で、江のほとりに田を開いていたからだとか、もとは蝦夷《えみし》の民で「えぞたみ」を略してエタになったとかの奇説もあったらしい。それらはもちろん、今日では問題にもされていない。

なお、俗耳に入りやすい代表的な説に、「穢れに触れることが多いから穢多と呼んだ」との指摘がある。江戸時代になって現れたようだが、これは因果の転倒で、まずエタの語があり、それに侮蔑の意を込めた漢字を宛てたものだから語源の説明にはならない。少なくとも研究者からは、一顧だにされていないといってよいのではないか。

餌取説に対しても、とくに第二次大戦後は、はっきりと疑問を呈する研究者が少なくない。例えば、中世賤民がかかわった雑芸能研究に大きな業績を残した盛田嘉徳《もりたよしのり》は、鷹の餌は鳥類か犬肉であり、「餌取と（斃牛馬を扱った）河原者の混淆は考えにくい」としていた。既述のように、「河原者」はエタの別称であった。藤沢靖介も『部落の歴史像』（二〇〇一年、解放出版社）で、右の見方に同意している。

餌取説は今日では、もはや通説としての地位を失ったといっても過言ではあるまい。ほかに、これというべき説も見当たらない。要するに、エタの語源は不明というのが現状であろう。

卑見では、それを「イチ」なる言葉に求めていくのだが、多くの人にとってイチはなじみのうすい語であり、何のことかぴんと来ないと思う。それで、まずイチの説明に多くの紙数を費やすことになるが、その前に一つだけ中世賤民の一種「イタカ」について紹介しておきたい。エタとイタカのつながりを知れば、イチ語源説が見当はずれの指摘ではないことがわかっていただけると考えるからである。

5　中世の下級宗教者「イタカ」のこと

歌合せは、歌詠《うたよ》みを左右に分かち、それぞれが詠んだ短歌の優劣を判者が判定して勝敗を決する文芸遊戯である。平安時代に始まり、とくに貴族たちのあいだで流行したようである。相撲と同じように、一対の勝負を一番と呼ぶ。

そのうち職人が詠み人になった歌合せを、職人歌合せとか職人尽《づく》し歌合せと称している。中世、職人の台頭によって現れ、『東北院職人歌合』『鶴岡《つるがおか》放生会《ほうじょうえ》職人歌合』『三十二番職人歌合』『七十一番職人歌合』の四つが著名である。ただし、いずれも職人が詠んだものではなく、作歌に慣れた貴族らが職人に仮託した歌である。

四つ目の『七十一番職人歌合』は、表題が示すように七一組、一四二人の職人が登場する。

成立は一五〇〇年ごろとされている。既述のように、その三十六番の詠み人の一方は「穢多」である。相手は「いたか」であった。二人は「月」と「恋」を題にして二度対戦し、いずれもエタが勝ったことになっている。

ここで取上げるのは、イタカの歌である。その二首は、次のような歌であった（原文には濁点が付いていないが、理解を助けるために引用者が付した。また、一部の平仮名表記を漢

『七十一番職人歌合』に見える「いたか」（『群書類従』版より）。

字に変えてある）。

文字はよし見えも見えずも
　夜めくるいたかの経《きよう》の月のそら読《よみ》
いかにせむ五條の橋の
　下むせびはては涙の流《ながれ》くわん頂《じよう》

これに添えられた絵のイタカは、饅頭笠をかぶり覆面をして、衣服は仏僧のごとき装いである。このうち覆面については、のちに詳しく語ることにしたい。

初めの歌からイタカが日常、経を読んでいたことがわかる。それでいながら、空読みなので文字の見えない夜だろうとかかわりがないとしている。文盲だったのである。偽法師だということになる。

後の流れ灌頂《かんじよう》とは、死者（しばしば幼くして死んだ者）の供養のため経木《きようぎ》を川に流す仏教行事である。歌のイタカは京都・鴨川にかかる五条橋のわきで、その経木を道行く人に売っていたのである。

要するに、ここにえがかれたイタカは一種の坊主・法師であった。それも正規の者ではない。一般には乞食法師のようにみなされていた。その姿は、零落しきった宗教者のそれだといえる。

「イタカ」の語は、東北地方の盲目の巫女「イタコ」と音がごく近い。三音節目の母音が違っているだけである。母音の交替は日本語に広く見られる音韻通則の一つで、両語は同じ言葉だと考えられる。それは双方とも、政治権力からは最も遠い位置にいる下級の宗教者であることによって裏づけられる。コ(カは、その訛り)は子あるいは人といったほどの意である。

これだけでは、まだイタカとイタコが同語であることに納得できない向きも少なくあるまい。これから順次、右を補強していく事実を挙げていくつもりだが、いまは別の話を一つだけ取上げておきたい。

職人歌合せは、それぞれの対戦で類似の職能民をつがわせている。例えば十番は「むまかはふ(馬買おう、すなわち馬の仲買人)」と「かはかはふ(皮買おう、牛馬の皮の仲買人)」であり、十一番は「山人」と「浦人」、十五番は「蛤《はまぐり》売り」と「魚《いお》売り」、十六番は「弓つくり」と「弦《つる》売り(弓の弦を売る者)」といった具合である。そのほかの場合も、何らかの意味で通底するものがあることが現代人にも簡単にわかる組合せが多い。

ところが、三十六番は下級宗教者と皮職人が対になっているのである。これは今日の常識からは、すぐにはうなずきにくい。むしろ、首をかしげさせるような組合せだといえるだろう。しかし、当時の人びとには、それなりに納得できるものであったと思われる。だからこそ、歌を合わせることになったはずである。

両者の共通点は、どこにあったのだろうか。まず考えられるのは、イタカのイタとエタとの音の近似である。そこに、たとえはっきりと意識したものではなくても、語義の重複を感じとっていたのかもしれない。

さらに、このころのエタに対して、呪的能力の所持者のにおいをかぎとっていた可能性もある。前にも紹介したエタの職掌中の作庭も井戸掘りも、大地に変更を加える行為である。今日でも建物を建てるに際し地鎮祭を行うことが多い。これは、元来は神の領域に属する大地に人間が手を下すに当たり、神に許しを請う行事だといえる。中世には、それは特別の能力をそなえた者にだけ可能なことだと考えられていたに違いない。エタは、その条件にかなう存在、言いかえれば一種の宗教者でもあったろう。そう推測すると、イタカとの組合せの意味がよく理解できる。

第二章 「イチ」とは、どのような人びとであったか

1 柳田國男『分類祭祀習俗語彙』から

すでに記したように、イチなる言葉は今日、死語に近くなっているといってよいだろう。ほとんどの辞書・事典類に、立項すらされていないようである。そんな中で、柳田國男の『分類祭祀習俗語彙』（一九六三年、角川書店）には、簡潔ながら的確な説明が見えている。次に、その全文を引用させていただく。

〈イチ　滋賀県愛知《えち》郡や神崎郡で、神社付属の巫女・神楽を舞う者をいう。また高知県の室戸あたりでは、イチサンともいい、氏神社に三人ずつおり、十三、四歳のときから老女になるまで、神楽を舞う役をつとめる。神祭《じんさい》のおりの酒盛りにはイチが酒を注ぎ、祈禱のおりは神主の次にすわる。家々の神祭にも招かれて行き、病人の祈禱うかがいなども頼まれてする。夫は漁師をしている（漁村民俗雑記）。長崎県五島の福江でも、イツドンとい

えば神楽舞女のことであり、壱岐ではイチジョウという〉

右のうち、「㕦女」を何と読むのか、わたしにはわからない。各種の漢和辞典によると、「㕦」の音はオまたはヨ、訓は「わらう」だという。神社付属の「わらい女」など、寡聞にして耳にしたことがない。しかし、その音訓が何であれ、意味は巫女すなわち「みこ」のことであろうと思う。

とにかく、柳田が目にした滋賀、高知、長崎三県の資料では、いずれもイチとは「神楽を舞う者」だとされている。高知県の例では、同時に祈禱にかかわったことが知られる。

柳田は『巫女考』（一九一三—一四年発表）の冒頭でも、「イチ」の語を取上げている。柳田は「ミコ」には、「やや大なる神社に付属して、神前に歌舞を奏し、また湯立《ゆだて》の神事に関与する者」と「タタキミコとも口寄せともいう、たいてい何村の住民であるかよくわからない者」の二種類があるとする。そうして次のように述べている。

〈東京人はこのミコ（社頭で鈴を持って舞うミコを指す＝引用者）に対して口寄せのミコをばイチコといっている。しかるに地方によっては反対に神社に従属する巫女をイチまたはイチコという処がある。京阪地方も古くからそうであるらしい。常陸では相当の神社に大市《おおいち》・小市《こいち》もしくは市子と名づけて祭事に与《あずか》る者がある。あるいは宮市子ともいう。元は

皆女子の業であった（常陸国誌）。土佐では多くの社に佾《いち》という者がいるのもまたこれであろう〉

「イチコ」とは「イチ」に「コ」（文字で書けば子。人といったほどの意味）を付けた言葉で、明治の初めごろの標準語、文章語では口寄せの方のミコを指す場合が多かったようである。

その当時、イチコやそれに類する民間宗教者は各地に広く存在しており、明治六年（一八七三）、政府は「人民を眩惑せしめる」として「梓巫《あずさみこ》・市子《いちこ》・憑祈禱《つきぎとう》・狐下げ《きつねさげ》」の所業を一切、禁止している。このイチコは今日、「拝み屋さん」などと呼んでいる祈禱者を指しているが、一方で大神社に所属する「干菓子のごとく美しい少女」（『巫女考』）をイチ・イチコと称する地方もあったのである。

要するに、イチとは一種の宗教者のことであり、ここ何世紀かの使用例では神楽を舞うミコや、口寄せなどにかかわる祈禱者を意味していたと理解して大過あるまい。そこには「シャーマン」といった感じはあんまりないかもしれないが、これから追いおい記していく事実によって、イチがわが国の固有信仰をつかさどっていた中核的な宗教者であったことが明らかになってくると思う。

2　イチコとイタコは同語である

明治新政府が梓巫や市子らの所業を禁止したのは明治六年の一月だが、これより早く同五年九月に千葉県が同じ趣旨の布告を発している。当局は、その中で次のようなことを述べている。

〈梓巫、イチコ抔《など》卜唱へ、奇異ノ態《てい》ヲナシ死人ノ仮声等ヲ作リ、婦女児童ヲ誑《あざむ》キ候《そうろう》等ノ類、所々コレアリ……〉

「死人の仮声をつくる」とは、いわゆる「死口《しにくち》」のことである。遺族の依頼を受けた巫女が神がかりになって、死者の言葉を自らの口を通じて口ばしるのである。口寄せには、ほかに神の言葉を発する神口《かみくち》と、行方が知れない生者などの霊を寄せる生口《いきくち》もあった。

梓巫、イチコが東北地方のイタコにとてもよく似ていることは、だれの目にも明らかであろう。小学館の『日本国語大辞典』では、イタコは次のように説明されている。

〈東北地方に広く見られる巫女（みこ）。中年以上の盲目の女性であることが多く、神おろしや口寄せを業とし、おしら様の祭りなども行なう。口寄せ。いちこ〉

疑いもなく、イチコとイタコは同語だといってよい。
沖縄のユタも、イチコ・イタコのイチ・イタの訛りだと考えられる。前記辞典の記述は簡略すぎるので、『日本民俗大辞典』（一九九九―二〇〇〇年、吉川弘文館）の「ユタ」の項から一部を引用させていただく。

〈沖縄本島および広く南西諸島においてトランス（変性意識）状態で託宣・卜占・祈禱・治病などを行う民間巫女。男性もいるがごく少数。その性格はすこぶるシャーマニックである。（中略）ユタのハンジの多くは三人称的に表現される。もっともユタがマブイワカシ、マブリワアシという死者の口寄せを行うときには、死霊の憑依《ひょうい》を受けるのでその言動は一人称となる〉

ユタとイチコ・イタコとの共通性は、たいていの人に容易にうなずかれるはずである。ただ、ユタとイチ・イタとの音には、やや懸隔があると感じる方はいるかもしれない。しかし、この程度の転訛は日本語では何ら珍しいことではない。
それをいま、小鳥の首打ち罠《わな》の各地方における呼び名を例に、言葉の音がときにいかに大きく変化するかを紹介しておきたい。出典は柳田國男・倉田一郎『分類山村語彙』（一九七五年、国書刊行会)である。

もとの語は「クビウチ(首打ち)」である。それは小鳥を捕獲するための一種の罠で、わたしなども子供のころ仕掛けたことがあるが、ここでは構造の説明は省略しておきたい。また、示した言葉がどこの方言であるかもはぶかせていただく。

クビウチ—クブチ—クブテ—クボテ—クビッチョ—クミッチョ—コブチ—コブツ—コボテ—ゴブチ—コンブツ……など、まだまだある。わたしが育った高知市あたりではコボテといっていた。クビウチがコボテにまで訛っていたのである。それにくらべたら、イチからユタなどごくささやかな変化にすぎない。

繰返しになるが、イチコ・イタコ・ユタはみな、ほとんど差異のない巫女を指している。前二者のコは人の意を付け加えただけなので、これを除くとイチ・イタ・ユタとも二音節からなり、お互いに母音が違った部分があるだけになる。したがって、いずれも語源を同じくすると考えることには十分な根拠があるといえる。

3 近世土佐の資料に見えるイチ

先に引用した『分類祭祀習俗語彙』中の「イチ」の項は、記述の大半が土佐の例に費やされている。祭祀関連にかぎらず、高知県は一般に古い言葉が多く残存している土地として研究者のあいだに知られているらしい。それに加えて、わたしがたまたま同地の出身であるので、これからしばらく土佐の場合について話をすることにしたい。

現南国市岡豊《おこう》の八幡神社に伝わる『土州長岡郡江邑《えむら》郷別宮《べつく》八幡縁起』(原本は中世の成立とみられている)に、

「御神事、榊ニ幣ヲ付《つけ》、机ノ上ニ置テ佾《いち》、太夫、下司初《はじめ》社人舞曲有《あり》、佾ハ颯々《さつさつ》ノ鈴ヲ振ル、太夫ハ榊葉ニユウシテ付、神歌ヲ謡《うた》フ」(仮名と読点は引用者が付した。以下、同じ)

と述べられている。

これは神社での神事舞についての説明だが、そこでは太夫《たゆう》(神主)が神徳をたたえる神歌を謡い、イチがそれに合わせて鈴をシャッ、シャッと振りながら舞ったのである。鈴は当然、神楽鈴(現今のものは普通、柄に一二個の鈴を結んでいる)であったろう。「榊葉ニユウシテ付」とは、サカキの葉に七夕《たなばた》の短冊のような感じで、細長く白い紙の幣《ぬさ》を結び付けていたことを指している。ユウシデは古代には木綿《ゆう》の布であったが、のちには紙で作っていた。

右の「佾」なる漢字は、土佐の古文献にはときどき現れる。佾は漢和辞典によれば、「イツ」または「イチ」の音をもち、中国・周代の舞楽の制で舞人の列を意味し、一佾《いちいつ》は舞人八人になるという。イチに、こんな見慣れない漢字を用いたのは、イチと舞いとのかかわりを考えてのことに違いない。なお、研究者は一般に佾にイツのルビを振っているが、「イチ」「いち」と仮名表記をした例が複数あるので、少なくとも土佐の舞人はイチと呼ばれていたと思われる。

土佐の町人学者、桂井素庵の寛文四年（一六六四）十月十一日の日記には、

「いち舞申《まいもうす》也、此《この》いちは生所ハ長浜のいちニて御座候《そうら》へ共《ども》、余り能舞《よくまい》又美女成故《なるゆえ》……」

の一節が見えている。

このイチも、やはり神楽を舞っていたことがわかる。先の別宮八幡宮のイチは男か女かはっきりしないが、こちらは明白に女であった。長浜は、桂浜に近い現高知市長浜のことである。

次は土佐の儒者、戸部《とべ》愿山《げんざん》の随筆『韓川《かんせん》筆話』（一八世紀後半の成立）からの引用である。

「本州（土佐国のこと＝引用者）諸所の神社にいちてふ《(という)》あり、巫《かんなぎ》を方言にいふなめり、舞をまふて神楽をなす、いかなる事ニて、いちてふ事をしらず」

愿山はイチなる言葉を方言だと思っていたことになる。それが全くの誤解であることは、のちに詳述したい。なお、「巫《ふ》」の漢字は男女双方に対して使うが、とくに区別したいときには「女みこ」を巫、「男みこ」を覡《げき》と書くことが多かった。覡とあれば確実に男だといえるが、巫ではどちらとも決しがたい。

今日、神楽を舞うのは、おおかたは女性であろう。しかし歴史的には、そうとはかぎらなかった。

高知県中央部の北辺、四国山脈の脊梁に近い村々に現在まで伝承されている古式の神楽がある。地域ごとに本川《ほんがわ》・池川・津野山神楽と呼び分けているが、実質はほとんど変わらない。

平成17年11月、高知県吾川郡いの町脇ノ山の地主（じしゅ）神社に奉納された本川神楽。演者はすべて男性である。

中世起源であることが確かめられていて、石鎚《いしづち》修験との関係が深いようである。いまは保存会の人びとが演じており、みな男性である。昔も当然そうであったろう。

いずれであれ、かつて土佐にイチなる言葉があり、それは神楽を舞う者を指していたことは明らかである。

「イチ」は、語義にやや変化が生じているものの、まだ死語にはなっていないらしい。平成二十七年六月、わたしが土佐市太郎丸の琴弾《ことびき》八幡宮で会った同社の神主は、

「土佐では、女の神主をイチさんと言っている。市という字を書く」

と話していた。

一部の大神社を除き、神楽を演じる神社が少なくなっているためにそうなったとも考えられるが、後述するように、イチとは

元来、神に仕える人そのものを指していたから、こちらの方が原義を残しているともいえる。

4　『長宗我部地検帳』に記されたイチ

豊臣秀吉の「太閤検地」の一環として、一五八七年から九七年にかけて土佐国で実施・作成された土地調査の記録『長宗我部地検帳』は、全国で唯一、ほぼ完全な形で現存することで知られている。戦後、高知県立図書館から順次、刊行された印刷本は全部で一九巻の大部になる。

右地検帳の中にはイチについての記載が散見される。その総数はおそらく数十ヵ所か、それ以上にのぼると思われるが、なにぶん資料が膨大すぎて、わたしは一部にしか目を通していない。ここでは前記、琴弾八幡宮周辺の分にかぎって紹介することにしたい。

地検帳の「高岡郡戸波郷《へわ》」（現土佐市家俊《いえとし》一帯）の部によると、地内の「タケハタ」に三人のイチが隣合って住んでいた。

・一所三十代　出《で》三十二代　下《げ》　惣《そう》ノ佾給
・一所三十代　出二十六代　下　常住佾給
・一所三十代　出二十八代　下　権《ごん》ノ佾給

（一部の文字表記を通常のものに変え、当面の説明に不要な部分は省略してある）

一代は六坪だが、当時は江戸期以後よりいくぶん長い竿を使って測量していたから、現在

高知県土佐市太郎丸の琴弾八幡宮。戦国時代ごろ、この神社には神主のほか3人のイチが付属していた。

のそれより少し広い面積になる。また、「出」とは新たに開墾・整地された土地のことである。

それはともかく、戸波郷のタケハタに「惣」「常住」「権」と冠称されたイチがいたことがわかる。冠称だけから判断すると、その地位は惣（総にひとしい）・常住・権（仮の意）の順であったかに考えられるが、本来の給地は三十代でそろっており、出分もたいして違わない。これは年功のようなものであったかもしれない。

右のタケハタは、現在では「竹畠」と書き、琴弾八幡宮の真ん前に当たる小地名である。ただし、字図《あざず》には見えるが、普通の地図には載っていない。いずれであれ、この三人のイチは同社に付属して神事に仕えていたのであろう。

すぐそばには「神主ヤシキ」があり、「太宮神主」（太宮を何と読むか未詳）が住んでいた。この人物は周辺各地に合わせてかなりの田畑を持ち、まず相当の暮らしぶりであったと思われる。

ここから南西へ一キロほど、同じ戸波郷の乙丸村《おとまる》（現在は音丸と書く）にもイチがいた。
・一所三十代　出一反三十三代四分　下ヤシキ　せうちう佾給
イチは一人（一家族）しかいなかったのに、わざわざ「せうちう（常住）」と冠している。これは領主から給地を受けているイチとは別に、非定住のイチがいた可能性を示唆しているのかもしれない。

次は琴弾八幡宮から一〇キロばかり南南西、現在の須崎市大谷の例である。
・神主ヤシキ　一所二反　中《ちゆう》ヤシキ　神主　藤左衛門ゐ
・イチヤシキ　一所十六代　下山《げやま》ヤシキ　佾給　佾居《い》
ここの神主とイチは、境内に樹齢一二〇〇年とも二〇〇〇年ともいわれるクスノキの巨木が立つ須賀神社に所属していたことが確実である。

「ゐ」「居」は、居住しているの意である。一反は三〇〇坪なので、神主屋敷の面積は六〇〇坪になる。等級は「中」であった。これに対してイチ屋敷は九六坪しかない。しかも、等級は「下」である。さらに神主は名前を記されているのに、イチはそうではない。すでに引用した、ほかのイチも同様であった。

『長宗我部地検帳』では、武士には「松浦市左衛門」といったように姓と名を記しているが、農民は「又次郎」のように名だけである。この点で神主は、農民と同じ扱いだったことになる。

ところが、イチについては名も載せていない。これは「坂ノ者」(当時、皮細工にかかわっていた被差別民。後述)の一部などと同じ記載方法になる。屋敷の広さ、等級を考え合わせると、神主とイチの差は歴然としていたといえる。なお、地検帳に記されたイチが男であったか女であったか判然としない。

以上で、戦国時代に土佐にいたイチなる者が、どのような存在であったのか、おおよそのことはわかっていただけたと思うので、いったん土佐のイチから離れ、目を他地方に転ずることにしたい。

5　近畿地方の諸例

既述の柳田國男『分類祭祀習俗語彙』には、「ソノイチ」の語が立項されている。注目すべき指摘が見えるので、やや長くなるが全文を引用させていただく。

〈ソノイチ　京都地方に多く見受ける。多くは園市と書き、惣市とも書くが、奈良地方のソネッタンもこれと同じである。村の中にいる者もあるが、祭の日に他所から頼まれて来る老女で、湯立てを司《つかさど》る。御幣《ごへい》と笹とを持ち、神様の御機嫌のよいようにとて湯立てをする（京都古習志）。他の地方では多くの場合、神職の妻がこれをつとめるのである。奈良県のソネッタンも御湯祓いをするのであるが、ソネイチサンから転じた語であろう。ソネッタンの腰に巻く注連縄《しめなわ》は産婦の腹に巻くと産が軽いという（磯城《しき》郡の古典行事）〉

「園市」では、ちょっと意味が通じない。これは「惣市（そうのいち）」に違いない。すなわち、『長宗我部地検帳』の「高岡郡戸波郷」の部に出てくる「惣ノ佾《そうのいち》」である。同じ言葉が高知にも京都にもあったことになる。奈良のソネッタン（ソネイチサン）も、これであろう。

京都のソノイチは、湯立てを司る老女であった。湯立てとは、説明にあるように「御幣と笹とを持ち」、その笹を釜の中の熱湯に浸したあと、自分や参拝者にふりかける神事である。ソネッタンの「御湯祓い」も同じである。

柳田はまた、『巫女考《ふじょこう》』の中で、江戸中期の大阪の漢方医、寺島良安の図説百科辞典を引いて次のように記している。

〈『和漢三才図会《わかんさんさいずえ》』巻七に、今の巫女の業とするところは神楽を奏してもって神慮を慰め、あるいは竹葉を束ねてもって極熱の湯を探り数々身に注ぎ浴す、すでにして心体ともに労《ろう》倦《けん》し茫々然《ぼうぼうぜん》たり、時に神明《しんめい》彼に託《かか》りもって休咎《きゅうきゅう》を告ぐ、これを湯立といいその巫を伊智《いち》と曰《い》うとある〉

本節で紹介したソノイチ・イチは、おおむね近世の畿内における姿だが、湯立てに深くかかわっていたことがわかる。

現在のわれわれが普通に目にする神楽は、白い上衣に赤い袴を着た若い女性によって舞われることが多い。江戸時代にも、だいたいはそうであった。その優美な舞い姿からは、シャーマンの面影は想像しにくい。ただし後述のように、原初の神楽はそんなものではなかった。それは神がかりして、乳房や陰部もあらわになるような狂乱の踊りであった。

一方、湯立てには近世になっても、シャーマンによる祈禱の性格が多少なりとも残っていた。京都のソノイチは通例、居所もはっきりしないような老女であったし、奈良のソネッタン（惣ノ佾さんであろう）は注連縄を腰に巻いていたらしい。また、寺島良安の時代の大阪あたりのイチは湯立ての際、「心体ともに労倦し茫々然」となったというから、憑依《ひょうい》状態に陥ることがあったと思われる。そうだとするなら、これはシャーマンそのものに近かったといえる。

いずれであれ、「イチ」と呼ばれる人びとがいて、時代により地域により、いくぶんかずつその姿が異なっていたかもしれないが、彼らが一種の宗教者であったことは、本章の簡単な記述からも理解されたことと思う。

しかし、それがなぜ被差別民のエタと結びつくのか、たいていの方が首をかしげられることだろう。イチについては、まだまだ語るべきことが少なくないが、ここで一度それから離れ、被差別民集団の側から民間呪術者に近づいていくことを試みることにしたい。

第三章　エタと猿まわし

1　江戸の穢多頭・弾左衛門の由緒書

現在の東京都台東区今戸一丁目から二丁目にかけての地域に江戸時代、塀や堀、隣接する寺院の境内に囲まれた、ほぼ長方形の町があった。その広さは一万四〇〇〇坪ほど、ちょうど東京ドームくらいであった。

そこは「新町《しんちょう》」とも「囲内《かこいうち》」とも「穢多村」とも呼ばれていた。町を統治していた頭を弾左衛門といった。それは個人の名であるとともに、新町の統治者を指す役職名でもあった。代々の頭は世襲で、その地位に就くと弾左衛門を称したのである。最後の弾左衛門は系図では一三代目ということになっているが、近年、初代と二代目が実は同一人物であったことが明らかにされている。つまり、江戸期を通じて一二人の弾左衛門が代を継いで新町を支配していたことになる。

弾左衛門は関八州と、伊豆国の全域および現在の山梨、福島両県の各一地区、静岡県の旧駿河国に属する二地区の穢多のみならず、非人・猿飼《さるかい》をも支配下に置いていた。ただし、関東でも水戸藩、日光神領と喜連川藩《きつれがわ》（ともに現栃木県）は支配外であった。その支配賤民の数は寛政十二年（一八〇〇）で、およそ八〇〇〇戸に達していた。

弾左衛門は、江戸町奉行所の命を受けて享保四年（一七一九）と同十年に「書上げ」を提出している。二つには多少の相違があるものの、そう大きくは異なっていない。その中で弾左衛門は、自らの祖先が摂州池田（現大阪府池田市）から相州鎌倉（神奈川県鎌倉市）へ下り、長吏頭《ちょうり》（穢多頭と同義と考えてよい）として源頼朝に仕えたといった家系の由緒を述べている。書上げには「頼朝公御免状」など、何通もの古文書類が添えられていた。

それらのうち、弾左衛門家の由緒と権威を裏づける最重要の証拠とされたのは、いうまでもなく「頼朝公御免状」であった。これは治承四年（一一八〇）九月に、頼朝から下されたことになっている免状の写しであった。つまり、原本ではなかったのである。

それが偽書であることについては、いまでは異論がない。頼朝の時代には、もっぱら花押が用いられており、免状に捺されているとする「御判」の制はまだなかったこと、治承四年といえば頼朝が小田原・石橋山（現神奈川県小田原市）の戦いに敗れた年で、政治権力を手にするずっと前であること、そこに列挙された弾左衛門が支配権をもつとする職能民の名に一二世紀にはなかった呼称が見えること、などから偽書であることは明らかだといえる。

しかし、それが一八世紀の初め、幕府へ提出された事実は揺るがない。その中で弾左衛門は、次の二八種類の職能民を挙げ、みな「長吏者《ちょうりのもの》 其上たるべし」と主張している。

そこに並べられているのは、「長吏」「座頭《ざとう》」「舞々《まいまい》」「猿楽《さるがく》」「陰陽師《おんみょうじ》」「壁塗《かべぬり》」「土鍋《どなべ》」「鋳物師《いもじ》」「辻盲《つじめくら》」「非人」「猿引《さるひき》」「鉢叩《はちたたき》」「弦指《つるさし》」「石切《いしきり》」「土器師《はじし》」「放下《ほうか》」「笠縫《かさぬい》」「渡守《わたしもり》」「山守《やまもり》」「青屋《あおや》」「坪立《つぼたて》」「筆結《ふでゆい》」「墨師《すみし》」「関守」「鉦打《かねうち》」「獅子舞」「箕作《みつくり》」「傀儡師《かいらいし》」「傾城屋《けいせいや》」である。研究者は、これらを総称して「二十八座の下《さが》り職」などと呼んだりしている。要するに、二八種類の被差別民である。

冒頭の長吏は、ここでは穢多と同じ意味である。近世のとくに東日本では、穢多村の住民は自らを長吏と称することが多かった。「穢多」という言葉の文字と語感を嫌ったためだと思われる。

既述のように、これを記した文書は本物ではない。すなわち、右の「二十八座」が弾左衛門の支配下にあったわけではなかった。弾左衛門の先祖が、頼朝からそれを認められたと言おうとしただけである。しかし、この事実は少なくとも当時、彼らが何らかの差別・賤視の対象になっていたから、弾左衛門が配下に組込もうとしたのである。

実際、彼らの全部またはほとんどが、のちに述べていくように、ほかの資料でも賤民として扱われている。江戸期には法制上の賤民とはされていなくても、縁組みを忌避されたり、場合によっては同火・同席を拒否された人びとも含まれているのである。同火の拒否とは、同じ竈《かまど》で料理した食物を食べなかったり、たばこの火をやり取りしないことを指す。

2 猿まわしはエタと同身分であった

「頼朝公御免状」に見える「猿引」は今日、猿まわしと呼んでいる職業者のことである。猿《さる》牽《ひき》、猿曳《さるひき》などとも書き、また猿飼《さるかい》、猿屋、猿舞《さるまい》などと称されることもあった。江戸期以前の文献には、なぜか「猿まわし」の語はあまり出てこないようである。

二十八座のうち、例えば猿楽（現在の能に当たる芸能）や鋳物師は、だいたいは江戸時代へ入る前までに、差別・賤視を免れるようになっていた。研究者は、それを「脱賤」化などと言っている。しかし、猿引は最も脱賤化が遅れた被差別民の一団で、ほとんどの地域で明治初めの賤民解放令までエタと同じ身分に位置づけられていた。

弾左衛門は、前記の書上げとは別に、寛政十二年（一八〇〇）にも幕府へ書上げを差出している。それによると、新町（囲内）には穢多二三二軒、猿飼一五軒が住んでいた。猿飼は弾左衛門の支配下に属する一方、彼ら独自の頭をもっていた。頭は二人いた。滝口長太夫と小川門太夫である。これも個人と地位の名を兼ねており、世襲であった。

新町には非人はいなかった。彼らは江戸府内の非人頭（浅草の車善七、品川の松右衛門、深川の善三郎、代々木の久兵衛）の手下《てか》として、あちこちの非人小屋に分散して住んでいた。つまり、弾左衛門の非人支配は間接支配であったといえる。

新町には平人（町人と百姓）の家は一軒もなかった。そこに居住していたのは穢多と猿飼

『石山寺縁起絵巻』（1325年ごろ）に見える牛馬舎前の猿。猿がつながれているのが猿木であろう。左下隅は牛である。

だけである。この事実ひとつとっても、当時の猿飼の身分がどのようなものであったかがわかる。それでは、彼らは何をしていたのだろうか。

猿飼頭の一人、長太夫は、もとは上総《かずさ》国天羽郡の佐貫領（現千葉県富津《ふっつ》市）に住んでいたが、徳川家康の関東入国に際して愛馬が足を痛めたとき、弾左衛門の先祖とともに治療に当たって、そのけがを全快させたと伝えられている。ただし、これは伝説といってよい話であり、真偽は明らかではない。ただ、はっきりいえることは、この伝説がある事情を背景に生まれたということである。

江戸時代までの猿飼には、のちの猿まわしとは決定的に異なる一面があった。彼らはしばしば廏《うまや》での祈禱を、もう一つの職掌としていた点である。それは時代がさかのぼるほど、いえることであった。すなわち、本来の猿飼は廏における祈禱を業とする一種の宗教者であった。猿という動物には馬の健康をまもり、馬の病気やけがを直す特別の力がそなわっていると信じられていたのである。先の滝口長太夫をめぐる話は、そのような背景があったからこそ作られたのである。

弾左衛門が関八州と、その周辺の穢多・非人を支配していたように、浅草新町の猿飼頭は同じ地域の猿飼たちを支配下に置いていた。その数は寛政十二年の書上げによれば、四六軒となっている。この数は、ほかの諸資料から推測される関東近辺の猿飼の総数にくらべて、不自然に少ない。新町の統治下にあったのは、猿飼のうちでも特別の者たち、おそらく幕藩権力とかかわりの深かった一部の猿飼に限られていたのではないかと思われる。

大正・昭和期の風俗研究家、江馬《えま》務《つとむ》は最後の猿飼頭の一人、小川門太夫（九代目）に会って聞取りをしている。その記録は、江馬が創刊した『風俗研究』第五七号（一九二五年刊）に掲載されている。それによると、新町の猿飼は将軍家や大名家に出入りして「お厩祓《うまやばらい》」をつとめて相当の報酬を得ていたという。あくまでそれが主務であったが、そのあとで「猿舞」を見せることも行っていた。それは猿に華美な衣装を着せ、鬘《かつら》をかぶせて芝居を演じさせる、手のこんだ猿まわしであった。江戸時代の新町の猿飼は大道芸、門付け芸としての猿まわしはしていなかったようである。

ただし、それ以前に見世物芸の猿まわしがなかったわけではない。狂言台本の『靭猿《うつぼざる》』はフィクションであるうえ、それを文章化した『絵入狂言記』は江戸前期になってからの刊行

『融通念仏縁起絵巻』の京都清凉寺本（1417年ごろ）に描かれた猿引。

であった。しかし、そこに登場する猿まわしは室町時代の姿を伝えているとみてよいようである。『靭猿』にえがかれた猿まわしは、のちのそれと基本的に同じである。

3 「猿引仙蔵一件」と『甲斐国志』

猿まわしに対する賤視および彼らとエタとのつながりを裏づける資料は、各地に少なからず残っている。ここでは甲斐国（山梨県）の場合を取上げることにしたい。

まず、現在の南アルプス市鮎沢《あゆざわ》の旧家に保存されていた一五点の古文書である。『山梨県史　資料編11・近世4』に収録されている。合わせると刊本で二六ページにも及び、『県史』では「猿引仙蔵一件」と総称している。

その最早期の文書は、安永二年（一七七三）の鮎沢村百姓による「連判帳」である。そこには、近ごろ「猿引・穢多奢《おごり》候ニ付」、村中で相談して彼らに田畑を売ったり、何によらず貸借はいっさいしないことを決めた旨が記されている。当時、同村には猿引八戸とエタ五戸（ともに人数は不明）が住んでいた。

やがて村人たちの攻撃目標は、たった一人の猿引へ集中していく。寛政五年（一七九三）三月、村内の猿引、仙蔵に対して「奢ケ間敷《がましき》儀並《ならびに》衣服（華美な衣服のこと＝引用者）」「村方ニ不礼《ぶれい》ケ間敷儀」などを慎み、「医師相止《あいや》メ可申《もうすべき》事」「見せ店《だな》相止メ可申事」を「申渡《もうしわたし》」たのである。これによって仙蔵が医を業とし、かたわら「見せ店」を経営していたことがわかる。そのため仙蔵は十分な経済力をそなえていたのであろう、絹服などを着用し、村人にぺこぺこすることがなかった。それが彼らの怒りをかったのである。

文書のほかの部分によると、猿引は「猿を飼置《かいおき》、牽之《これをひき》」、居村や他村の旦家《だんか》をまわり「廏祈禱仕《つかまつり》、守札《もりふだ》等を差出《さしだし》」、その対価に「志之施物《こころざしのほどこしもの》」を受け取って生活する者だとされている。ところが、仙蔵はそのようなことをせず、「丹下」と名乗って医療に従い、また薬種・小間物の店を構えていたのだった。

仙蔵は同国北山筋中下条《なかしもじょう》村の医師の弟子になり、医術を習得している。そのころ同村には一五戸、五三人のエタが住んでいた。医はしばしば被差別民が業としていたことと合わせ考えると、仙蔵の医術の師もエタであった可能性が高い。

申渡しを受けて仙蔵は「逐一《ちくいっ》承知仕《つかまつる》」として、いったんは村人たちの意に従う意思を示した。しかし、すぐに考えなおしたらしく、もとの態度にもどっている。どうやら、いわれのない賤視と闘う決意をしたように思われる。

その後、さまざまな曲折があったが、仙蔵らと村方との確執は意外な形で終わってしまう。仙蔵は翌寛政六年七月、医業稼ぎのため駿河国駿東郡御厨《みくりや》(現静岡県御殿場市)方面へ出かけたきり、鮎沢村へは戻ってこなくなったのである。仙蔵の母かねにより、息子はすでに村にはいないとして、旧離《きゆうり》帳外すなわち人別帳からの差し除き願いが出され、それが認められたのだった。

右の事件よりあとの文化十一年(一八一四)に成立した甲斐国の地誌『甲斐国史』の「人物部　付録第十」には「猿引」の項目がある。それによると当時、同国内の一四の村に猿引が住んでいた。うち八村については戸数と男女別の人口が記されているが、四村はいずれかが欠け、二村は両方とも記載がない。したがって厳密な戸数、人口の合計は把握できないが、わかっているものだけを足すと一〇二戸、三一〇人になる。

彼らは「牢番ノ者」の支配下にあった。ほかにもエタが「囚獄ノ事ニ与《あず》カリ、牢番人ノ支配」であり、非人が「牢番ノ下番」を兼ね勤めていた。これによって、少なくとも江戸後期の甲斐国にあっては、猿引はエタ、非人と同じか、きわめて近い身分に属していたことがわかる。それは実は、甲斐国にかぎったことではなかった。

これも全国的にいえることだが、甲斐でも猿引とエタとは同じか、隣り合った場所で集落を形成している場合が多かった。仙蔵が生まれた鮎沢村がそうであったことは、先に述べたとおりである。ほかにも例えば、西郡筋古市場村には一九戸、七一人のエタが、その南隣の荊沢《ばらさわ》村には一〇人の猿引（戸数不明）がいた。

逸見《へみ》筋上手《うえで》村には一七戸、六五人の猿引と二一戸、五七人のエタが居住しており、栗原筋三日市場村には八戸、二五人の猿引が暮らし、そこには「手戸《てこ》ノ者」七四戸をもつ抱え非人、六左衛門と三郎兵衛の拝領地があった。

右に挙げた村々は、いずれも一般村である。そこに、さして大きくはない穢多村や猿引村が置かれていたのである。両者は一応、別の集団だと考えられていたが、身分的にはほとんど変わるところがなかった。

4　近代猿まわしの故郷・山口県

浅草新町の猿飼頭であった小川門太夫（九代目）は、前記の『風俗研究』第五七号の中で江馬務に次のように語っている。それは大正十四年（一九二五）のことで、このとき門太夫は数えの八一歳であった。

〈毎年春になると市中を回る猿回しですか、あれは全然我々の仲間とは違つた連中で、別の者でありますす、男許《ばかり》か、女迄《まで》が野猿を背負つて、家々を回つて居《お》りますが、彼《あ》の連中が大勢来るやうになりましたのは、もう二十余年にもなりませうが、あれは皆、山口県の百姓ださうですが、夫々《それぞれ》親分があつて、それに連《つれ》られて東京に稼ぎに来るので一月には市中を回り、二月になると、一月遅れの正月をする田舎を回り、夫《そ》れから旧正月をする地方を歩いて、五月時分百姓の仕事が忙しくなる頃迄に、それぞれ国へ帰つて行くさうでありま す〉

門太夫は大正時代、東京市中を巡業して歩く猿まわしたちは「皆、山口県の百姓」であると耳にしていたのである。彼らのことを今日では、一般に「周防《すおう》の猿まわし」と呼んでいる。山口県は旧長門《ながと》国と周防国からなっており、おおよそのところでは西半分が長門、東半分が周防であった。

その周防の猿まわしの系譜に連なり、いったん消滅していた日本の猿まわし芸を昭和五十年代初めに復活させた中心人物の一人、村崎修二の『花猿誕生』(一九八六年、清風堂書店)によると、周防の猿まわしが活躍した時期は「明治の初め頃から昭和四十二、三年頃までで、ざっと百年間、一世紀に及ぶ」という。彼らの出身地は、ほぼ周防地方に限局されていた。とくに周防の南東部、旧熊毛郡下の島田川(現在の光市で瀬戸内海に注ぐ)流域が目立って多かった。具体的には室積《むろづみ》、浅江、三輪、麻郷《おごう》、新庄、玖珂《くが》、高森、高水などである。彼らの故郷は、まず例外なく、それらの地域に所在する被差別部落、すなわち江戸期の穢多村であった。

明治維新後には、なぜ周防の猿まわしが日本の猿まわし芸を、ほとんど独占するようになったのだろうか。理由の一つは、他地方の猿まわしたちの廃業であった。賤視に堪えかねて足を洗ったのである。その動きは周防でも同じだったが、おそらく室積あたりで細々と稼業をつづけている者が少数ながらいた。ところが、県内外における同業者たちの急減によって、それが「食べていける」仕事になってくる。そうなると、これを見習う者が増えるのが当然のなりゆきであった。近隣の部落住民が地縁、血縁を頼って次々に参入し、やがて周防猿まわしの全盛期をもたらしたようである。

以上は近代になってからの推移であり、それより前に周防の被差別部落で、エタと猿まわしが広範に結びついていたことを裏づけているわけではない。しかし長門国の萩城下には、はっきりとそういえる例があった。次は『部落の歴史　西日本篇』（一九八三年、部落問題研究所）からの引用である。


〈猿引は萩城下の当島宰判椿東《つばきひがし》分に見られるだけで、「地下上申《じげじょうしん》」では「穢多・猿引」一括して二八軒九六人の記載がある。「注進案」でも同様に三七軒二二七人が一括されている。椿東分香川津部落は山田村玉江部落と並ぶ当島宰判中でも大きな穢多部落であることからみて、椿東分の穢多の一部が猿引を生業としていたか、或いは少人数の猿引集団が

混在していたと考えるべきであろうか。何《いず》れにしても萩城下に猿引がいたことが知られる〉(執筆――広田暢久・利岡俊昭)

右の「地下上申」とは『防長地下上申』のことで、享保十二年(一七二七)から宝暦三年(一七五三)にかけての成立、「注進案」は『防長風土注進案』のことで、天保十三年(一八四二)の成立である。ともに萩藩の編集になる。

浅草新町《しんちょう》では猿飼とエタとは同じ囲内《かこいうち》に居住していたが、明確に職掌が違っていた。香川津部落でも、穢多・猿引と表記が別になっている。もし猿引がエタの副業にすぎなかったとしたら、「穢多何戸」と記述されていたのではないか。それに、山口県ではここにしか猿引がいなかったのであれば、二八軒や三七軒のエタの余業では、とても需要を満たせなかったはずである。ただし、たとえ記録が確認できなくても、周防の室積あたりにも猿引がいたことは、まず間違いあるまい。その基礎があったからこそ、維新後に猿まわしが一大産業になりえたのである。

5　類例は、ほかにも少なくなかった

エタと猿まわしとのあいだに密接なつながりがあったのは、これまでに紹介した東京、山梨、山口にかぎらない。

それは愛媛県でも確認できる。同県の地方紙『海南新聞』の明治四十年（一九〇七）六月十二日付け紙面の「新平民の状態」と題した記事に、次のような一節が見える。

〈新居郡泉川村、宇摩郡天満村に於ける此《この》種族（両村内の被差別部落住民を指す＝引用者）一家数人同伴して猿回し、獅子舞、人形遣《つかい》、祭文《さいもん》（今日の浪花節に当たる＝同）其他雑種の遊芸稼を為し、本県の遊芸稼人鑑札を受有《うけあり》し、路傍等に於て演技し、遠く他府県に赴き相当の利益を収めて帰村し、又数年帰村せざるものは利得を留守宅に送金する等のものあり〉

ここに挙げられた遊芸稼ぎの猿回し、獅子舞、人形遣は、弾左衛門の「二十八座」では「猿引」、「獅子舞」、「傀儡師《かいらいし》」となっている。旧穢多村の住民が、維新後もそのような生業をいくつも兼ねていたのである。

三重県多気郡大台町下真手《しもまて》字猿飼は、猿飼が居住していたことによって付いた地名だと思われる。現在の住民は、すでにそれを忘却してしまったようだが、かつて毎年正月三日に伊勢神宮で猿を舞わせる神事があり、「其日《そのひ》之料」を負担していたのが、この村であった。「料」は、おそらく費用のことだろうが、それには神事に遣う猿の捕獲や訓練を含んでいたのではないか。

とにかく、猿飼集落と猿まわしとは深くかかわっていたらしい。ところが、明治二年（一八六九）作成の「大差出帳《さしだし》」によると、猿飼を含む下真手村五二戸のうち四戸が「穢多」であった。ごく小さな穢多村が存在していたのである。

次は東日本の例である。

現在の宮城県仙台市青葉区土樋《つちとい》一丁目に江戸時代、「猿牽丁《さるひきちょう》」とか「猿引小路」と呼ばれる町があった。元禄八年（一六九五）ごろの成立とされる『仙台鹿《か》の子』によれば、ここには猿引が住んでいた。毎年一月、広瀬川沿いに一キロほど下った河原町の「河原者《かわらもの》」（のち穢多と公称されるようになる）が田植踊・大黒踊の行列を組んで市中を練《ね》り歩いたが、これに猿引も加わっていたという。両集団で初春をことほぐ役目をになっていたのである。

既述の甲斐国逸見筋上手村の猿引は江戸時代、越後国高田（現新潟県上越市）の「西村町」の「猿大夫《さるだゆう》」の家に滞在しつつ町中をまわっていた。旧西村町は越後国では最大規模の穢多村であった。ここにもエタと猿まわしがいたことがわかる。

また、庄内藩鶴岡（現山形県鶴岡市）「田中町」の猿大夫は、越後国村上（現新潟県村上市）の、やはり猿大夫宅を宿所にして稼ぎに出ていた。旧田中町も、鶴岡城下の穢多村であった。

茨城県つくばみらい市足高《あだか》の「猿舞」と通称される小区画には、昭和十年（一九三五）当時、五戸三二人の小さな同和地区があった。ここに猿まわしが住んでいたことは確認できないが、その小地名によって、それを稼業にする者がいたことは間違いないのではないか。
以上は、わたしが気づいた範囲の一部にすぎない。しかし、これだけでもエタと猿まわしが、ほとんど一体化した身分・存在であったことがわかっていただけると思う。

6　もとはシャーマンそのものであった

猿芸に言及した最も古い資料は、鎌倉幕府が編纂した歴史書『吾妻鏡』のようである。その寛元三年（一二四五）四月二十一日条に次のように見えている。

〈二十一日、乙酉《きのととり》。天晴。佐馬ノ頭入道正義、美作《みまさか》ノ国ノ領所ヨリ、将来スルノ由《よし》ヲ称シ、猿ヲ御所ニ献ズ。彼ノ猿、舞ヒ踊ルコト人倫ノ如シ。大殿並ニ将軍家、御前ニ召覧シタマフニ、希有ノ事タルノ旨、御沙汰ニ及ブ〉

この日、御所で芸を演じた猿のことは、橘成季《なりすえ》の『古今著聞集』（一二五四年成立）にも出ている。大きな話題になったのであろう。
右の「佐馬頭入道」とは、足利氏三代の足利義氏のことである。当時は、まだ鎌倉幕府に仕える身であった。その義氏が寛元三年、所領があった美作国（岡山県北部）から芸猿を連れてきて、大殿（鎌倉四代将軍だった藤原頼経）と、このときの将軍、藤原頼嗣（同五代、数えの七歳であった）の上覧に供したのである。

鎌倉武士たちにとって、猿は少しも珍しいものではなかった。後述のように、しばしば廏で飼っていたからである。しかし、芸をする猿というのは、多くの者には初見であったと思われる。だからこそ、御所での召覧に及んだのであり、「希有ノ事」と記されたのである。

この時代、猿は廏で飼っておくものであった。既述の『塵袋』は弘安年間（一二七八―八八年）ごろの成立で、エタなる語の初出資料として知られているが、その「獣虫」の部に次のような問答が見える。


〈猿ヲ馬ノマホリトスルハ、イカナル子細ゾ。

猿ヲバ山父トナヅケ、馬ヲバ山子ト称ス、コノユヘニ馬ニハサルヲオモクシテマホリトスト云云（後略）〉

右の問いによって、当時、猿を馬のマホリ（マボリとも。守《まも》りの転）とする思想があったことがわかる。答は、その理由の説明にはなっていない。すでに、それが不明になっていたのである。

『塵袋』では、はっきりとは述べられていないが、廏で猿を飼うのが馬を守る一般的な方法であった。後白河法皇著の『梁塵《りょうじん》秘抄』は治承四年（一一八〇）ごろの成立であり、その巻第二に短いながら注目すべき歌謡が採録されている。

〈御廏《みまや》の隅なる飼猿は、絆《きづな》はなれてさぞ遊ぶ、木にのぼり、常盤《ときわ》の山なる楢柴《ならしば》は、風の吹くにぞ、ちうとろ揺《ゆる》ぎて裏返る〉

猿はふだんは縄でつながれているが、それが何かの折りに離されて遊ぶ様子を謡ったのである。猿をつなぎ止める柱は「猿木《さるぎ》」と呼ばれていた。歌の飼猿が登ったのは、その猿木かもしれない。

このあと鎌倉時代の文献、絵画には廏で飼われる猿のことが少なからず現れる。ここではいちいちの引用はひかえておくが、それが広くみられる習俗であったことは間違いない。

猿という動物は山で捕まえたからといって、そのままで飼えるものではない。無理やり飼ったとしても、人にはなつかず近づけば牙をむくだけであろう。足利義氏が連れてきた芸猿や、「絆はなれてさぞ遊ぶ」猿には、のちに猿飼・猿引と呼ばれるようになる職能民が付いていたか、少なくとも訓練をほどこしていたはずである。

猿は馬を守るため、具体的には病気を防いで健康を保つために廏で飼われていた。この思想の淵源はすこぶる古く、いま詳しく述べる紙数がないが、インドに発する可能性が高い。それ猿飼は、その猿を扱って馬を守り、病気やけがをした場合は治療に当たったのである。それはまさしく、シャーマンそのものであったといえる。浅草新町の猿飼頭、滝口長太夫の先祖が徳川家康の愛馬の治療に当たって、そのけがを全快させたとの伝説は、このような思想を背景にして生まれたのである。

猿のことをエテとかエテコウともいう。エテとは「得手」で得意技のこと、猿は手先が器用だからそう呼び、コウは「公」で擬人化した表現だとの解釈が、まず定説であろう。しかし、千葉徳爾『狩猟伝承』(一九七五年、法政大学出版局) 一三九ページには、これに疑問を覚えさせるような一文がある。

『三十二番職人歌合』(1494年ごろ) に描かれた猿曳。

〈エテは都会の人までが理由は知らずに猿の意味で用いているが、本来これもサルといわないために考えられた言葉であった。他の動物とちがって手が自由に使える動物ということであろうか。ことに漁民がこういう言いかえを好み、舟の中でこの名を直接口にするのを嫌った。鹿児島県ではこれをサルとヘビに共通して用い、これらは舟玉様のお好きな動物だからと説明している〉

鹿児島県には猿も蛇も、ともに「エテ」と呼んでいたところがあったのである。そうだとするなら、「手が自由に」うんぬんは当たらないことになる。

このエテは「得手」などとは関係がなく、ユタ、エタと同源の言葉だと思う。エテコウのコウは「コ」の訛りで、エテコウはイチコ、イタコ、イタカと同義ではないか。柳田國男『葬送習俗語彙』（一九三七年、民間伝承の会）の、

「イタコウ　信州上伊那郡で、墓の穴掘りのこと」

の一節は、これを補強しているといえる。

猿は馬の守り神であったばかりでなく、しばしば人間にとっても神とあがめられていた。滋賀県大津市坂本に鎮座する日吉《ひよし(ひえ)》大社で猿を神使としていることは、その一例である。すなわち、神と人とをつなぐ存在であった。

一方、葬送にかかわる者は、神の領域に属する死の世界と人間界とを橋渡しする境界域に位置している。それゆえに恐れられ、のちには差別・賤視の対象になってくる。

猿をエテコウ、墓の穴掘りをイタコウと呼んだのは、決して偶合ではない。両者とも「イチ」の零落した姿を映しているのである。

なお、拙著『猿まわし　被差別の民俗学』（二〇一三年、河出書房新社）には本章に関連したことが、もっと詳しく記してある。参照していただけると幸いである。

第四章　「イチ」の歴史をさかのぼる

1　神が憑《よ》る人としてのイチ

　おおむね近世から近代へかけての文献に見えるイチは、すでに述べたように神楽を舞ったり、湯立てをしたりする女性が多かったといえる。それはたしかに、神と人との中間に位置する一種の宗教者に違いないが、エタと語源をひとしくする呪的能力者の姿とは重なりにくい。

　今日、純白の上衣と緋の袴を着て、神楽鈴をシャン、シャンと振りながら優美に舞う若い女性と、河原で天狗の首をひねり殺す穢多童《えたわらわ》が同じ根源に由来するといっても、ほとんどの人が首をかしげることだろう。しかし、江戸時代の上級武士である御家人も、その御家人という言葉と職掌をたどっていくと、古代の奴隷身分の賤民であった「家人《けにん》」に行きつくのである。

　本章では、中世以前のイチがどのような存在であったのか卑見を記そうとしているが、しばしば民俗事例を引用することになる。イチについて、具体的なことを述べた文字資料など、まずないからである。だからこそ、現在の辞典・事典類の多くに「イチ」が立項すらされていないのである。

柳田國男『分類祭祀習俗語彙』の「イチ」の項には、「長崎県五島の福江でも、イツドンといえば神楽舞女のことであり、壱岐ではイチジョウという」の一節があった。このイチジョウに似た語は高知県にもあって、イタジョウとかイタジョと言っている。ただし知る人は、もう多くはあるまい。

前にも紹介した土佐市太郎丸の琴弾《ことびき》八幡宮から南へ六キロほど、須崎市浦ノ内の鳴無《おとなし》神社は、ほとんど湖といった感じの波静かな浦ノ内湾（横浪三里）に臨んでいる。きわめて由緒の古い神社で、土佐の一の宮である土佐神社（高知市一宮《いっく》）の元宮だとされている。

鳴無神社の秋祭りでは、いまもヨリマシ役の子供が祭礼の首座をつとめている。ヨリマシとは神が憑る人のことで、漢字ではふつう「憑坐《よりまし》」と書く。要するに、神の代理となる人のことである。同社の場合、子供は二人いて、それぞれイタジョ（イタジョウ）、ギョウジと呼ばれる。ギョウジも、何らかの神役を指す言葉である。

平成二十一年十月十一日の祭りでは、イタジョが五歳の女児、ギョウジが四歳の男児であった。年齢は年によって多少の違いがあるが、その配役は慣例にしたがったものである。これから考えて、イタジョ（イタジョウ）とは「イタ女」すなわち女性のイチのことであろう。

高知県須崎市浦ノ内の鳴無（おとなし）神社の祭礼におけるイタジョ（中央右）とギョウジ（中央左）。平成21年10月の祭りでは前者が5歳の女児、後者が4歳の男児であった。

祭りは年に一度、神を氏子のもとへお招きする行事だが、その神が憑くのが右の二人の子供なのである。実際、祭りのあいだ中、二人は神として扱われる。

ヨリマシは、元来は子供にかぎらなかった。ただ、現実には子供か女性が多かった。東北地方のイタコや沖縄のユタは、後者の例である。成人男性が少なかったのは、要するに催眠状態になりにくいからである。憑依《ひょうい》とは、つまりは自己催眠のことであり、ヨリマシには子供の方が成人女性より、さらに適していた。「六つ前（七つ前とも）は神の子」の言葉は、その辺のことを指している。

高知市介良《けら》の朝峯神社は、一〇世紀前半成立の『延喜式』神名帳に掲載されている、いわゆる式内社である。この神社で神輿渡御の行列に加わる幼女を、かつてイタジョウ（文字では板上などと書いてある）といっていた。ただし近年は、その神事は絶えて、氏子が願掛けをするとき厚化粧をして立合う成人女性の呼び名になっている。

右のイタジョすなわちイチは、明らかに舞女や湯立てをつかさどる巫女とは違っている。もっと神に近い存在だといってよい。原初のイチの姿を残しているのである。

2　アメノウズメの狂乱の舞い

そもそも神楽にしたって、もとは現今のそれとは全く別のものであった。『古事記』（七一二年成立）に語られる、天照大神の天の岩戸隠れのとき、アメノウズメノミコトが岩戸の前で舞った（というより踊り狂った）「神楽」は、それをよく示している。

ウズメはヒカゲノカズラの縄を肩にかけ、ツルマサキの鬘《かつら》をかぶり、笹の葉を束ねて手に持ち、空の桶を逆さにして、それを踏みとどろかせながら、神がかりして胸乳をかき出し、裳《も》の紐《ひも》を陰《ほと》（女陰）に押し垂れて踊ったのである。

彼女が採りもの（神に祈りをささげるときの祭具）に用いたカズラ、マサキ、笹の葉は大和三山の一つ、天《あめ》の香山《かぐやま》（天香久山、一五二メートル）に生えていたものだった。周知のとおり、大和三山は古代の奈良盆地住民にとっては、神そのものに当たる聖山であった。採りもののどれ一つ、どこかそこら辺から集めてきたのではなかった。ウズメの舞いは、神をなぐさめ申すための祈りであった。

このウズメが舞った神楽の精神も形式も、ずっとのちまで継承されている。例えば、笹（原文では「小竹葉《ささば》」）である。『分類祭祀習俗語彙』の「ソノイチ」の項によると、京都地方のソノイチは「御幣と笹とを持ち、神様の御機嫌のよいようにとて湯立てをする」という。

近世・近代になっても、少なくとも京都のイチは湯立てに際し笹を手にしていたのである。

また、奈良県のソネッタン（ソネイチサン）は御湯祓いの折り、腰に注連縄《しめなわ》を巻いていたと述べられている。産婦が、その縄を腹に巻くと産が軽いという信仰もあったらしい。この

『七十一番職人歌合』（1500年ごろ）に描かれた放下（『群書類従』版より）。

縄は、アメノウズメがかけていた（原文では「手次《たすき》に繋《か》け」）ヒカゲノカズラを思い起こさせる。

既述『七十一番職人歌合』（一五〇〇年ごろ成立）の四十九番には、「放下《ほうか》」が出てくる。この当時の放下は、手品や曲芸を演じ、小唄をうたう芸能者であった。付けられた絵の放下は男性で、腰に蓑《みの》のようなものをまとい、手で「こきりこ（小切子）」を操っている。こきりこは箸くらいの長さの小さな竹筒で、お手玉のように宙にまわして曲芸を演じる道具である。

不思議なことに、この放下は背中に短冊付きの笹を背負っている。それが室町時代ごろの放下の正装とされていたのであろう。なぜ、そんなことをしていたのか。結局、ウズメが持っていた笹葉の遺風と考えるほかないと思う。

芸能というのは原初にまでさかのぼると、神事そのものになっていく。つまり、元来は神をなぐさめ、神に祈りをささげる行為であった。ウズメは、職業的な祭祀芸能者をモデルにして成立した人格であったろう。

柳田國男とともに、日本民俗学の創始に貢献した折口信夫は、直感で言葉をつづる傾向があった。そのせいで、いまひとつ根拠がはっきりしないが、「若水の話」を読むと、折口はウタ（歌）とイチとは語源を同じくするとみていたようである。この説の当否は別にして、芸能が神を招く手段・方法に起源をもつことは間違いあるまい。

そうだとするなら、中世の芸能者である放下がウズメの採りものを継承していたとしても不思議ではない。なお、四十九番で放下と対になっているのは、「鉢叩《はちたたき》」である。鉢叩きは「ハチヤ」ともいい、竹細工を生業とする一方、瓢簞を叩きながら各所を歩いて布施《ふせ》を乞う下級の宗教者であった。彼らは自らを平安時代の念仏僧、空也上人（九〇三―九七二年）の門流につながると称していた。

「放下」も「鉢叩」も、浅草・弾左衛門の「二十八坐」に含まれている。ハチヤは江戸時代の山陰地方では、法制上の賤民に位置づけられていた。その職掌は他地方の非人に似ていた。放下は権力の直接支配を受けたことはないようだが、いわゆる社会的賤民として扱われつづけ、一部は明治維新後にも活動していた。たしか一九八〇年ごろだったと思うが、どこかのテレビ番組で識字学級のことを放送していた。その中で生徒の成人女性が、

「子供のころ、親に放下にされたため文字を勉強する機会がなかった」

と話していた。幼くして大道芸人に弟子入りさせられたらしい。昭和になっても「放下」なる職業者がいたのである。

3　卑弥呼もイチであった

中国・晋時代の陳寿（二九七年没）が撰した『魏志倭人伝』は、日本が弥生時代から古墳時代へ移るころのことを記した唯一の文献である。よく知られているように、そこには邪馬

台国の女王、卑弥呼について次のようなことが述べられている。

〈其の国、本亦《もとまた》男子を以って王と為し、住《とど》まること七、八十年。倭国乱れ、相攻伐すること歴年、乃《すなわ》ち共に一女子を立てて王と為す。名づけて卑弥呼と曰《い》う。鬼道に事《つか》え、能《よ》く衆を惑わす。年已《すで》に長大なるも、夫壻《ふせい》無く、男弟有り、佐《たす》けて国を治む。王と為りしより以来、見る有る者少なく、婢千人を以って自ら侍せしむ。唯《ただ》ゞ男子一人有り、飲食を給し、辞を伝え居処に出入す〉

ここからは、神と人とをつなぐ人でありながら、かぎりなく神に近い存在となった女性の姿を容易にうかがうことができる。

「鬼道につかえる」とは、国家の重要祭祀のときにのみ、はるかかなたの帳《とばり》の陰かどこかで歌舞狂乱し、その口から「神意」を伝えたことを指すと思われる。それは異教徒(この場合は中国人)には、ただ「衆をまどわす」こととしか映らなかったろう。もちろん、『魏志』の編者は、その光景を見たわけではない。あくまで伝聞である。

『倭人伝』の前後の記述や、中国の別の文献などから、卑弥呼の死は二四八年ごろと推定されている。その死後、「大いに冢《つか》を作る。径百余歩、徇葬《じゅんそう》する者、奴婢百余人」と同伝は述べている。

奈良県桜井市の巨大前方後円墳、箸墓古墳。

その冢は奈良県桜井市の巨大前方後円墳、箸墓古墳だとの指摘がある。ここは宮内庁の陵墓参考地で発掘が許されていないが、放射性炭素年代測定法の精度が高まって、その築造時期は三世紀半ばではないかとの見方が出ている。これに対する反対意見はあるものの、どんなに遅れても四世紀中の築造であることは揺るがない。

箸墓は『日本書紀』が編纂された七二〇年当時、すでにいまの名で呼ばれていた。『日本書紀』（以下、紀と略す）は、その被葬者を倭迹迹日百襲姫命《やまとととびももそひめのみこと》とし、墓を「箸《はし》墓《のはか》」とも「箸陵《はしのはか》」とも記している。陵は天皇か、それに準じる高位の皇族に使う語である。八世紀初頭から、そこには女帝か、それに近い地位にあった女性が納まっていると考えられていたのである。

すなわち、被葬者が仮に卑弥呼その人ではないとしても、わずかに遅れて現れた似たような地位の女性であった可能性が、きわめて高いことになる。彼女もまた、卑弥呼と同じく「鬼道につかえる」高位のシャーマンであったに違いない。

そこで注目されるのは、紀が姫命を「大市《おおいち》に葬《はぶ》りまつる」としていることである。紀の資料となった古文献の多くは六、七世紀ごろに成立したとされている。そのころ箸墓のあるあたりを「大市」といっていたことになる。この地名は、それより前に「大市」と呼ばれる人物（固有名詞としては倭迹迹日百襲姫命の名で伝わる）を葬ったために付いたのではないか。少なくとも、そう考える余地は十分にある。

そうだとするなら、倭迹迹日百襲姫が卑弥呼であってもなくても、鬼道につかえて国を治めていたシャーマンを「大きなイチ」と呼んでいたことになる。

一〇世紀前半に編纂された漢和辞書『倭名類聚抄《わみょうるいじゅしょう》（鈔とも）』には、この一帯を指す「大市郷」の名が見える。しかし、それから一〇〇〇年ばかりのあいだに、その地名は消滅してしまったらしく、いまでは残っていない。

4　皇極女帝の雨乞い

卑弥呼や倭迹迹日百襲姫（二人が別人として）にかぎらず、初期の天皇または、それに準ずる地位にあった者たちは、大なり小なりイチすなわちシャーマンとしての性格をもっていたと考えられる。政教一致とは、それを指した言葉であろう。

『日本書紀』によると、皇極天皇の元年（六四二）夏は少なくとも畿内一帯で深刻な日照りがつづいたようである。六月十六日に小雨が降ったきりで、あとは来る日も来る日も一滴の雨も見ず、七月二十五日に至って群臣たちは大臣、蘇我入鹿に次のように奏上している。

〈村村の祝部《はふりべ》の所教《をしへ》の随《まま》に、或いは牛馬を殺して、諸《もろもろ》の社の神を祭《いの》る。或いは頻《しきり》に市を移す。或いは河伯《かはのかみ》を禱《いの》る。既に所効《しるし》無し〉

「既に」は「全く」の意である。各地で牛馬を殺したり、市場を移したり、川の神に祈ったりしたが、何らの効果もなく、群臣たちは入鹿に次の手段を訴えたのである。

牛馬を殺して、その首を聖地と考えられていた淵などに投げ込む儀礼は、後述のように日本における普遍的な雨乞い行事の一つで、一部では二〇世紀になっても行われていた。「市を移す」は中国での雨乞い儀礼として知られている。市場を別の場所へ移したうえ市の門を閉じ、人を入れないで祭りを催行することであった。それが日本へも渡来していたのである。

上奏を受けた入鹿は、各寺院に大乗経典の転読、悔過《けか》（罪過の懺悔）を通じ謹んで雨を請わせるようにと答える。そうして同月二十七日には、百済大寺の南庭に菩薩像と四天王像をかざり、多数の僧を呼んで大雲経を読ませた。入鹿自身も香を焚いて願を発している。その効果があったのか、翌二十八日に小雨が降った。それで二十九日、さらに雨を祈ったが、降らないので読経をやめてしまう。

最後の土壇場で登場したのは、皇極女帝その人であった。八月一日のことであった。

〈天皇、南淵の河上に幸《いでま》して、跪《ひざまづ》きて四方を拝む。天を仰ぎて祈《こ》ひたまふ。即ち雷なりて大雨ふる。遂に雨ふること五日。溥《あまね》く天下を潤す〉

南淵とは現奈良県高市郡明日香村稲渕《いなぶち》のことである。そこにあった飛鳥川の淵で天皇自らが雨を請い、その効あって大雨になったとされている。

このときの雨乞いには、まず「村村の祝部」つまり民間宗教者が当たった。その中には、殺牛・殺馬のような呪的行為が含まれていた。それが空振りに終わったので、次に乗り出してきたのは国家仏教の僧侶たちであった。それは読経とか仏像の拝跪とかの、だいぶお上品なものだった。しかし、やはり効果は十分ではない。

そのあとを受けた女帝の祈りがどんなものであったのか、具体的なことはわからない。紀は簡単に「跪いて四方を拝み、天を仰いで祈る」と述べているだけである。そんな通りいっぺんのことで、天が雨を降らせるはずがない。

女帝の祈りは、おそらく髪を振り乱して大地を踏みとどろかし、何かの呪具を激しく震わせながら神への願いを口ばしったのではないか。それは長い時間にわたってつづいたろう。皇極はやがて憑依状態に陥り、半ば気を失って倒れ込んだか、それに近い姿になったことと思われる。

仮に、もっとおとなしいものであったとしても、その祈りは村々の祝部のそれと本質的に通じていた。皇極は明らかに、かつての卑弥呼につながっている。彼女の日常がどうであったにせよ、いよいよのときにとった行動は呪的能力者としての祈禱にほかならなかった。

村々の祝部も、卑弥呼も、皇極女帝も、みなイチと呼びうる宗教者だったといえる。

5 『魏志倭人伝』の「持衰《じさい》」について

三世紀の後半、すなわち日本が古墳時代に入って間もないころに書かれた『魏志倭人伝』には、中国語で「持衰」と呼んだ不思議な人物のことが見えている。

〈其の行来・渡海、中国に詣《まい》るには、恒《つね》に一人をして頭を梳《くしけず》らず、蟣蝨《きしつ》を去らず、衣服垢《こう》汚《お》、肉を食わず、婦人を近づけず、喪人の如くせしむ。之を名づけて持衰と為す。若《も》し行く者吉善なれば、共に其の生口・財物を顧《こ》し、若し疾病有り、暴害に遭《あ》えば、便《すなわ》ち之を殺さんと欲す。其の持衰謹まずと謂《い》えばなり〉

日本と中国を往来する船には、常に「持衰」という一種の呪術者を乗せていた。もしくは船内のだれかを、それとみなすことにしていたのかもしれない。とにかく、その男性は航海のあいだ服喪中の人のように蓬頭垢衣《ほうとうこうい》で過ごし、肉食・女色を絶つことになっていた。もし航海が順調であれば、奴婢や財物などの成功報酬が与えられ、逆に何らかの障害が生じた場合には殺されたというのである。

右の中国語で持衰と表記した男性を、日本語で何と言っていたのかわからない。しかし、その実質は、まさしく「イチ」そのものであった。イチは人びとの願いを神に伝えることを職掌としていた。それに成功すれば大きな畏敬の対象になり、失敗したら責めを負わねばならなかった。責めは、しばしば死に直結した。これがイチの運命であった。つまり、イチは常に畏敬と侮蔑との両方に足をかけている両義的存在であった。

雨を請う者も、その典型である。皇極天皇元年（六四二）の雨乞いを例にとってみる。村々の祝部《はふりべ》（民間の職業的祈禱者）は、それぞれの土地で例えば殺牛・殺馬祭祀を主宰したはずである。貴重な財産でもあった牛馬を犠牲にして何らの効果もなかったとされているから、殺されないまでも、それなりの仕打ちは受けたことだろう。それは次の段階の雨乞いに当たった国家仏教の僧侶たちも、同様であったに違いない。

そうして、最後に登場した皇極自身によって、ようやく祈りは天に通じたとされている。『日本書紀』という文献の性格から考えて、この話には天皇の権威を高めたいとの作為が含まれていて不思議ではない。もし、皇極の祈禱のあとも雨が降らなかったとしたら、記録には採用されなかったろう。

この時代にはすでに、天皇の地位は一度や二度の雨乞いの失敗で重大な責めを負わされることはないくらい、制度的に確立していたと思われる。しかし、著しく面目を失う結果をまねいたことは間違いあるまい。

これよりずっと前、弥生時代に、おそらく神への祈りに失敗して殺害されたと推測される遺骨が山口県下関市豊北町《ほうほく》の土井ヶ浜遺跡から発掘されている。

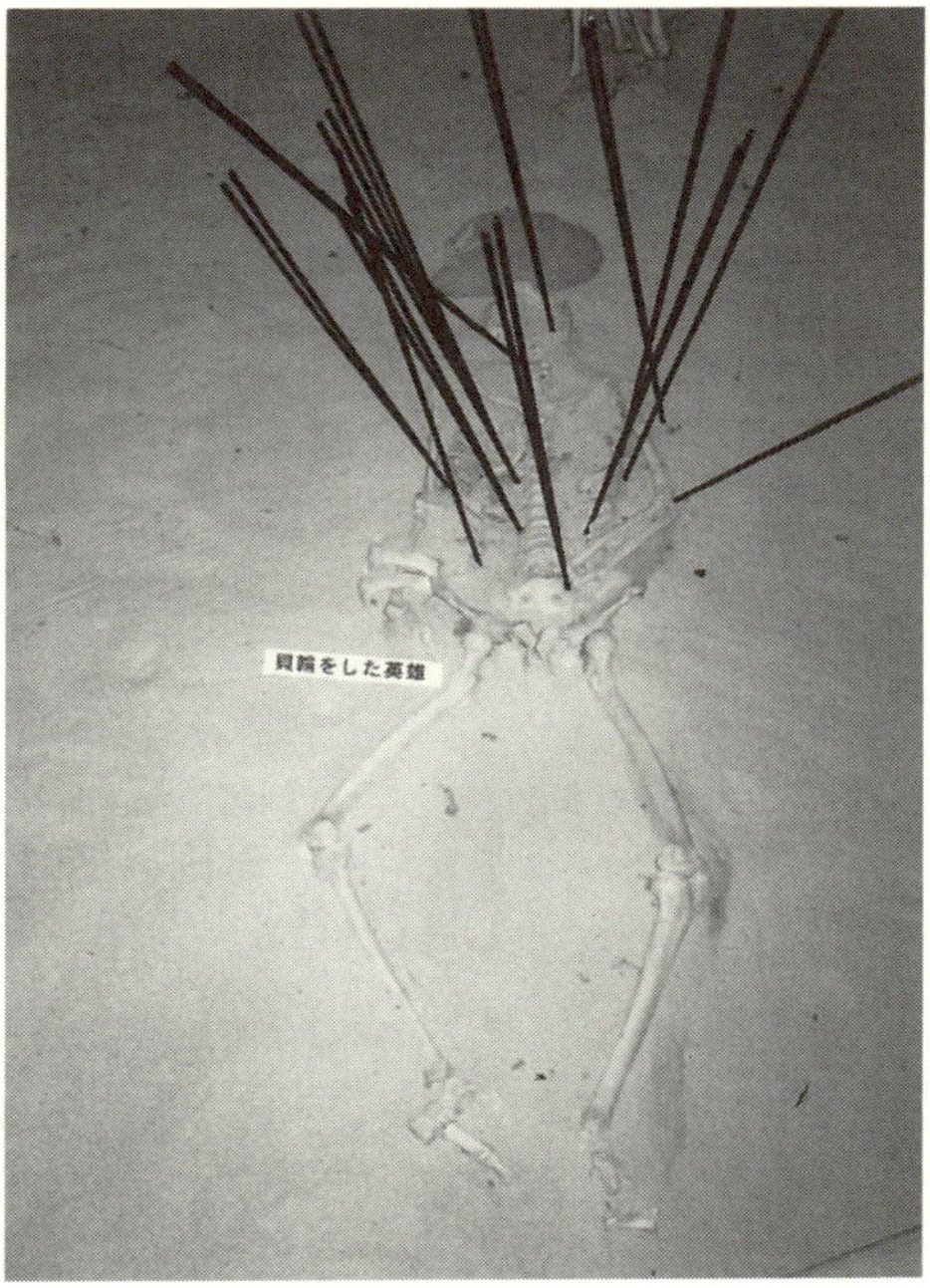

山口県下関市豊北町の土井ヶ浜遺跡から出土した成人男性の全身骨。体に13本もの矢が刺さったままであった。

同遺跡は、響灘《ひびきなだ》に面する弥生時代の集団墓地跡で、これまでに三〇〇体余りの人骨が発見され、そのうち出土密度の高い東側部分の一部、約八〇体の人骨が発掘時のままドームの中に復元されている。

その中に、体に一三本もの矢が刺さった成人男性の全身骨がある。平成二十一年春当時、この男性には「貝輪をした英雄」の説明札が付いていた。襲来した敵から村を守るため、全身に矢を受けながら敵の前に立ちはだかっていた英雄の遺骨だというのである。

しかし、これは明らかに戦闘によるものではない。実際の戦いで、そんな状況など起こりえない。一、二本の矢が刺さった時点で倒れていたはずである。仮に、そうでなかったとしても、埋葬に際しては抜いておくのが普通であろう。

それでは、なぜ多数の矢が刺さったままの状態で発掘されたのだろうか。考えられることは一つしかない。男性は死後または生きているうちから、体に次々と矢を刺し込まれたのである。そのあと、それを抜かずに埋葬されねばならなかった。村の者たちの、きわめて強い敵意・憎悪を受けていたからである。

ところが一方で、男性は右腕にゴホウラ貝製の腕輪を二つはめていた。ゴホウラ貝は種子島以南の海域にしか棲息しない。土井ヶ浜あたりでは、まれにしか見られない貴重な装身具であった。それを身に付けていたのだから、男性は生前、高い地位にあったことがわかる。激しい憎悪の対象になっていながら、死んだあとも、それははぎ取られていない。

当時は完全な祭政一致の社会であった。村の政治的権力者は、同時にシャーマンでもあった。村の利益になるような祈りに成功したときは、その報酬が与えられる。それが貝輪であったろう。だが、この男性は、村の重大事にかかわる何らかの願いごとを神に祈った際、失敗したのである。そうして報復に殺害されたに違いない。のちに改めて取上げるつもりだが、それは民俗学者や宗教学者らが「神殺し」と呼んでいる行為である。もちろん、本物の神は目にも見えず、触れることもできないから、代わりにその代理人たるシャーマンが犠牲にされるのである。

それでいて、男性が腕輪を剝奪されなかったのは、神（この場合は、その代理人）に捧げた贈り物は、もはや神のものであって、その後の事情がどうであれ勝手に取返すことは許されなかったからにほかならない。

神および、その代理人となる者の両義性とは、右のようなものであった。

第五章　箕作り・渡し守は、なぜ差別されたか

1　職人も首をかしげる

浅草新町の弾左衛門が江戸時代、二八種の職業者を列挙して「長吏之下たるべし」と幕府に訴えていたことは、第三章の冒頭で紹介したとおりである。

その「二十八座」は、「長吏」「座頭」「舞々」「猿楽」「陰陽師」「壁塗」「土鍋」「鋳物師」「辻盲」「非人」「猿引」「鉢叩」「弦指」「石切」「土器師」「放下」「笠縫」「渡守」「山守」「青屋坪立」「筆結」「墨師」「関守」「鉦打」「獅子舞」「箕作」「傀儡師」「傾城屋」であった。

このうち、猿引がきびしい差別・賤視の対象になっていたことと、その理由についての卑見は、すでに詳しく記しておいた。放下と鉢叩に関しても、ずっと簡単ながら、ひととおりの説明はした。本章では「箕作《みつくり》」と「渡守《わたしもり》」を取上げることにしたい。

まず箕作りである。

箕は、穀物の実と殻とを分別する農具である。形は大きなちり取りに似ている。よく街路

山形県北村山郡大石田町の箕作り村で作られた箕。東北地方の広い範囲で使われていた。

樹の剪定作業などで、木の枝やごみを集めたり、入れたりしておくのに、だいだい色や青色のプラスチック製の容器を使っているが、あれを大きくしたような形の道具である。

その箕を手に持ち、米などの穀物を搗《つ》いて実から殻を分離したものを上に載せて前後上下に揺すり、比重の差と風の流れを利用して殻だけを外に吹き飛ばすのである。穀物を口にできるようにするためには欠かせない道具だったから、それを代行する農業機械が普及する半世紀ほど前までは、どんな農家にも必ず一枚や二枚はあった。

その箕を製作する職人が箕作りである。材料は地方ごとにさまざまで、真竹、篠竹《しのだけ》、藤の蔓《つる》、山桜の表皮、イタヤカエデなど少なくとも数十種はあった。

箕作りは不思議なことに、きびしい差別を受けていた。ところが、それを指摘した文献はほとんどない。部落史や部落問題の研究者でさえ、このことを文章にした人は皆無の状態ではないかと思う。しかし、ある一定以上の年齢（おおむね昭和二十年ごろまでの生まれ）の農民なら、みな知っている。村落社会の住民であれば、だれでも知っていることに研究者がはっきりと気づいていないのは、要するに研究対象が文字記録に偏りすぎているからである。かつて「箕作り村」と呼ぶべき村落が各地にあった。そこでは住民のすべてか、ほとんどが箕の製作を生業とし、かつそれによって生計の大半をまかなっていた。わたしはこれまでに五〇ヵ所ばかりの箕作り村を訪ねたが、西日本では一ヵ所を除いて、いずれも被差別部落であった。

これが東日本、とくに東北地方になると、その重複率はぐっと低くなる。そうでありながら、外部の人間は「同和地区」だとみなしている一般部落も存在するのである。また、箕作り村とは別に、非定住の箕作り職人が二、三戸から一〇戸ばかり集住してできた「箕作り部落」とでも称すべきところが、とりわけ関東地方に多かった。ここは被差別部落以上の差別・蔑視の対象となっていた。

そのような世間のまなざしは、もちろん当の箕作りたちも感じている。だが、箕の製作は血の穢れや死の穢れとは全く無縁であり、それを仕事にする者にも、なぜ自分たちが差別されるのか不可解で仕方がないことになる。

栃木県芳賀郡市貝町《いちかい》の箕作り職人S（一九四二年生まれ）は、定住四代目であった。曾祖父は「水戸藩領で暮らす」非定住の箕作りだったが、明治維新のころ同町へ流れてきて小屋を建てて定住生活に入った。仕事は四代にわたって箕の製作・販売・修繕をつづけてきた。

Sは親の代から土台の付いた普通の家に住んでいたが、陰に陽に差別と軽侮を受けていた。一家は周囲から「ミナオシ（箕直し）」の名で呼ばれていた。これは主に関東一帯で彼らのような職業者を指す蔑称である。強い賤視のひびきがこもっており、およそ面と向かって口にする言葉ではない。しかし、Sもほかの家族と同様、いつとはなしにその言葉を耳にして、それが自分たちへの侮蔑であることを知るようになっていた。

Sは、それが不思議でならなかった。平成十三年ごろ、わたしはこの人に何度か会って話を聞いているが、Sは不審に耐えないといった口調で次のように言っていた。

「箕は米をアオル（実と殻を分別する）道具だからね、それを作る仕事のせいで差別されるはずはないと思うよ。俺たちの仲間には、昔は橋の下や神社の軒先で寝ながら、あちこち歩きまわっている者が多かった。ばくちもよくしたからね、そういう生活態度のためだと思うね」

しかし、少なくとも何代にもわたって、きちんとした家に住み、ばくちなどとは無縁の暮らしをしていても、やはり差別を免れないのである。早くに生業を変えた場合でも、もとミナオシであることを周囲の者たちがおぼえているかぎり同じことである。これは今日にあっても、なおなくなってはいない。
どうして差別されるんですか、というわたしの問いに、
「やっぱり仕事が悪いからねえ」
と答えた農民もいた。

2 箕は呪具《じゅぐ》でもあった

米は日本人の暮らしの中で、特異な地位を占めてきた。近ごろでこそ数ある食べ物の一つにすぎなくなりつつあるが、もとは信仰の対象にさえなっていた。わたしが子供じぶんには、一粒でも食べ残すと罰《ばち》が当たると言われたものである。

その米を食べられる状態にするには、箕が欠かせない。そうだとするなら、箕は神聖な農具だともいえるはずである。実際、かつての農村では、そのとおりであった。

正月や五節句などの祝い日に餅をつく、それをまず新箕《あらみ》にのせて神にお供えする。これは、ほとんど全国にゆきわたっていた習俗であった。南九州あたりでは、その餅を誕生日を迎えた幼児に踏ませて、すこやかな成長を祈っていた。茨城県南部では、七五三の折りにも餅をついて新箕にのせることが広く行われていたため、その時期には箕の行商人がとくに多くまわってきていた。

埼玉県毛呂山《もろやま》町歴史民俗資料館編『魂のうつわ・箕』には、次のような一節が見える。

〈毛呂山では「十五夜には箕が欠かせない」ということが（聞取りに対する）共通した答だった。箕の中にお供え物を入れて月に供えるからだ。さらにその時に使用する箕は「その年に買った箕」、または「一番新しい箕」でなければならないという〉

新しくなければならない、新しいほど効能が強いとする信仰は、祭祀具一般に共通する特徴である。

宮田登『神の民俗誌』によると、「生児を箕の中に入れ、道に捨て、あらかじめ定めた他人に拾ってもらい、拾ってくれた人とは一生の間の仮親になってもらうという習俗が全国的に多い」という。こうなると、単なる祭具ではなく呪具に近い。箕には、人知を超えた呪力がやどっていると信じられていたのである。

わたしが耳にした中で最も印象に残っているのは、「魂呼《たまよ》び」である。それは人が死にかけたり死んでしまったとき、いちばん身近な縁者が家の屋根に上って、その人の名を大声で呼びながら頭上で箕を打ち振る呪術的行為である。つまり箕がもつ力を借りて、いままさに体から離れようとしている、あるいはたったいま離れてしまった魂を呼び戻そうとしていることになる。

この話を初めて聞いたのは静岡県御殿場市でだが、のちに福井県美浜町にも全く同じ習俗があったことを知った。おそらくほかにも、広い範囲でみられたのではないかと思う。

高知県本山町では、葬式の際、田の畔《あぜ》に箕を置き、その上に茶を入れた盃を並べておく。人びとが野辺の送りから帰ってくると、その茶を飲むという風習があった。その意味するところは必ずしも明確ではないが、たぶん穢れを清めることが目的ではないか。

ほかにも、まだまだ似た民俗は少なくないが、箕の呪力を示す事例としては、この程度で十分であろう。

そのような道具を作る者が、なぜ箕をありがたがって使う農民たちの差別・賤視の対象になるのだろうか。実は、それゆえにこそ、箕作りが忌避されるようになったのである。

箕には呪力がやどると人びとは考えていた。それを作る者も、また同様の力をもつことになる。すなわち、箕作りは一種のシャーマンでもあった。既述のように、シャーマンは両義的存在である。ときに恐れられ、ときに憎悪された。箕は農家にとって必需品でありつづけたから、祭具・呪具としての地位を失うことがなかった。

一方、時代が下るにしたがい、合理的・論理的な考え方が社会に広がっていく。それとともに、呪的能力者の零落が始まる。彼らに対する畏敬は、ただの恐れになり、やがては軽侮へと変わっていく。それは選挙に落選した政治家、成績が極端に悪化したスポーツ選手、人気が落ちた芸能人らの運命に通じている。

3　朝鮮半島の場合

箕作り差別は朝鮮にもあった。というより、もっと明確できびしいものだった。朝鮮で最も強い差別・賤視の対象になっていた人びとは、白丁（ペクチョン）と呼ばれていた。賤民の扱いを受ける集団はほかにもいろいろあったが、その最下層に位置づけられていたのである。日本で部落差別がなくなっていないように、韓国でも白丁差別はつづいている（北朝鮮についてはわたしにはわからない）。

箕の製作は、その白丁の排他的専業であった。朝鮮の箕は、ほとんどがコリヤナギか竹を材料にしていた。良質の竹は半島南部でしか成長しないので、中部以北では、箕といえば原則としてコリヤナギ製であった。

今村鞆《とも》『朝鮮風俗集』（一九一四年刊）の「朝鮮の特殊部落」には、白丁と柳細工との深いつながりを示す次のようなくだりが見えている。なお、該当部分の執筆は明治四十二年（一九〇九）である。

〈白丁の職業としては農業が大部分である、夫《そ》れから屠獣、柳細工、獣肉販売、蠟燭製造、皮工、犬の肉の吸物屋、下等の商業である、其中《そのなか》でも屠獣の中《うち》、牛を殺すことと、柳細工は白丁の独占的職業で他の者は決してやらぬ、若《も》し常民が内密に自から牛を屠《ほふ》るときは白丁が夫れを嗅ぎ付け、貴家では何時から我々白丁の中間入《なかまいり》をなされたかと強談に出懸け、若干の内済金を取ると云ふ事が行はれた。今日では常民でも屠殺を業とする者あるに至つたが、柳匠のみは依然白丁の独占である、此《この》事情を知らぬ某内地人が某地で柳行李の伝習を開始して人を募つたけれど、一人も応募者が無かつたと云ふ〉

また、朝鮮駐劄《ちゅうさつ》憲兵司令部編『朝鮮社会考』（一九一二年刊）には次の記載がある。

〈柳箕、笊縁《ざるぶち》の製造は此の種族（白丁のこと＝引用者）の特権にして、他の種族は慣習上、製作権なきものとなり居《お》れり〉

アジア各地での現地調査の経験が豊富だった人類学者、鳥居龍蔵も雑誌『武蔵野』創刊号（一九一八年）の「附言」で同じ指摘をしている。

〈朝鮮の白丁（穢多）の生活は牛馬の屠殺と箕作とからなつて居りまして是等《これら》の職業は決して良民はいたしません、今武蔵野の漂泊民がこの箕作であるのは余程よく似て居ります、互に関係ありますまいか〉

これは、同誌に掲載された「武蔵野の漂泊民族」と題された文章への言及であった。そこには、本章1節で触れたミナオシのことが取上げられている。

とにかく以上で、朝鮮にもきびしい箕作り差別が存在していたことが、わかっていただけたと思う。差別を生んだ理由も、鳥居が想像したように「互に関係」があった。朝鮮でもやはり、箕は呪具として用いられていたのである。その事例は少なくないが、ここでは一つだけ挙げておきたい。

〈旱《ひでり》が深刻になると、女たちは水辺へと出掛け、箕で水を汲んでふるったり、雨具を着けて互いに水を浴びせながら、「長雨よ!」と声を張り上げる。箕を被《かぶ》った女性を坐らせて、水を振り掛けるといった場合もある〉(『韓国文化シンボル事典』より)

朝鮮の箕作りは、家系の面でもシャーマンに結びついていたふしがある。韓国ではシャーマンを「ムーダン」と呼び、いまも生活全般に深く根を下ろしている。朴槿恵《パククネ》大統領をめぐる政治スキャンダルの中心人物、チェ・スンシル被告も韓国ではムーダンだとみなされている。

ソウルの南東四〇キロほど、龍仁市の「韓国民俗村」にも二〇一〇年当時、ムーダンがいた。民俗展示の一環だったろうが、実際に占いをしていた。わたしは見料二万ウォンを払い、

韓国・龍仁市の「韓国民俗村」にいたムーダン。柳箕の使い方を実演してみせてくれた。

家内の運勢を占ってもらった。その気になったのは、家の壁に柳箕がかかっていたからである。

占いのあと、わたしは箕についていろいろと訊いた。ある程度、予想していたことだが、この六〇代とおぼしき女性は、とても素人とは思えないような知識をもっていた。かつて彼女の身近に箕作りを生業とした者がいたことは疑いない。いや、彼女自身それを手伝っていた可能性も十分にある。そうだとするなら、韓国では二〇世紀の後半になっても、箕作りとシャーマンとが部分的に重なっていたことになる。

箕作り差別については、なお語るべきことが多い。もし、この方面に興味をおもちの方がいたら、拙著『サンカの起源』(二〇一二年、河出書房新社)を参照していただくと幸いである。

4 新潟県の被差別民「タイシ」

渡し守が差別・賤視の対象になっていた地域は全国的に少なくないが、新潟県のとくに北部いわゆる下越《かえつ》地方では、いまでもその系譜につながる人びとの村が同和地区として扱われている例が多い。その数は村上市だけでも一〇地区ほどにのぼっている。同市には皮革系(穢多系)の被差別部落は一ヵ所しかないので、地区数の点で問題にならないばかりか、世帯数でも圧している。

彼らは「タイシ」「ワタリ」の蔑称で呼ばれている。ワタリの語義が、その職掌からきていることは、いうまでもない。タイシは一般に太子《たいし》信仰に由来するとされている。それは聖徳太子を神として祀る信仰で、実際、渡し守の村には太子堂をもつところもある。しかし、それがない地区も少なからずあって、右の指摘に疑問を示す研究者もいる。

江戸時代の下越では、タイシは法制上の賤民に位置づけられていた。中、上越でも差別を受けていたようだが、その数は下越に比べて少なく、法制上の賤民であったかどうか、わたしは確認できていない。
タイシがとくに多く集住していたのは、県北の三面《みおもて》川、荒川の下流域である。両川とも幅が広く、江戸期には橋はかかっていなかった。しかし、出羽街道や北国浜街道など日本海沿いの重要街道が横切っており、その渡河地点周辺には必ず渡し守集落が配置されていたのである。

彼らは川に生きる人びとであったから、むろん舟の操作には習熟していた。その結果、渡し賃のほかに川魚漁でも生計を支えていた。このあたりでは、鮭漁が主であった。

ところが不思議なことに、少なくとも両川のタイシたちは竹細工をも主要な生業にしていたのである。その中には、箕も含まれていた。川岸なら竹が生えているだろう、それを使って竹細工を始めることは当然ではないかと思われるかもしれない。しかし、例えば箕は女竹《めだけ》を材料にしていたが、それは日本海に浮かぶ小島、粟島から、わざわざ舟で運んでいたのである。買っていたのだ。この辺では竹細工に使える真竹も女竹も自生しないからである。そうまでして竹細工にこだわった理由は判然としないが、これはおそらく彼らの出自にかかわっていると考えられる。

竹細工と被差別民とのつながりは全国的に広くみられる。とりわけ西日本では、もとの穢多村は必ずといってよいほど竹細工を主業か副業にしていた。地域によっては、斃牛馬の処理より竹細工との結びつきが強い場合も珍しくなかった。

新潟県北部のタイシの村を遠望する。

下越のタイシたちは、エタとも関係が深かった。現村上市で唯一の穢多村の頭は、域内のタイシを差配していたことが知られている。両身分とも百姓、町人との通婚を禁じられていたが、お互いの縁組みは許されていた。第三章5節で述べたように、この穢多村には「猿太夫」も住んでいた。

また、現新発田《しばた》市のタイシの村には、エタも居住していた。両身分が混住していたのである。要するに、下越のタイシは箕作り、エタ、猿まわしなどと身分、生業で重なる部分が少なくなかったのである。

この事実は、各種の被差別民がそれぞれ別の理由で賤視されるようになったのではなく、その根源は一つであったことを示唆しているといえる。

部落差別の起源を死の穢れ（死穢《しえ》）と血

の穢れ（血穢《ちえ》）への忌避に求める考え方があるが、それはエタや非人には当てはまっても箕作り、猿まわし、渡し守などに対する差別は、それでは全く説明できないことになる。

5　渡し守差別は広い地域に存在した

江戸時代以前からタイシの名で呼ばれる渡し守がいた地域としては、新潟県以外ではまず現福井県南条郡南越前町鯖波《さばなみ》がある。

同地の旧家、石倉家に伝来した「石倉家文書」（『福井県史　資料編6』所収）の天正十一年（一五八三）や年未詳（ほぼ同時期か）の文書に「たいしもり」「わたりたいし」「たいしのもの」の言葉が見えている。鯖波は日野川（九頭竜川の支流）に面しており、幕末に橋がかけられるまではもっぱら渡し舟で同川を行き来していた。彼らは、その任務を負担する代わりに諸役を免除されていた。

越前のタイシが江戸時代あるいはそれ以前、身分的・社会的にどう位置づけられていたのか、わたしは確認できていない。しかし、平成二十三年七月当時、福井県立歴史博物館副館長だった坂本育男は、

「竹細工や箕作りが差別と結びついている話は聞いていないが、県内に渡し守差別はあった」

と語っていた。この種の賤視が近代になって新たに生まれるということは考えにくい。古

くからあったとみて、まず間違いないのではないか。

小学館の『日本国語大辞典』の「たいし」の項では、山形県庄内地方の方言で「渡船場の船人。船頭」の意があるとしている。要するに、渡し守のことである。ここは、きびしいタイシ差別が存在した新潟県北部に近い。同様のまなざしを向けられていたとしても不思議ではないが、わたしはその事実は確かめていない。

平成十五年八月、岩手県西磐井郡平泉町の平泉郷土館主事、千葉信胤からうかがったところでは、

「このあたりには、いわゆる同和地区はない。しかし、渡し守に対する、はっきりとした差別があった」

ということだった。平泉は同県南部に位置し、北上川に臨んでいる。

次は柳田國男『毛坊主考』（ちくま文庫版『柳田國男全集　11』四八一ページ）からの引用である。

〈同国城崎《きのさき》郡竹野村（現兵庫県豊岡市竹野町竹野）の茶筅《ちゃせん》が、竹細工及び田畑小作のほかに渡守を職業としていたということ、これまた注意しておくべき事柄である〉

チャセンは、兵庫県から中国地方にかけて散在していた賤民の一種で、竹細工で生計を支

える一方、念仏を唱えながら各地を歩いて金品の布施を受けていた。長州藩や広島藩などではエタと同身分とされていた。現竹野町のチャセンのありようは、新潟県北部のタイシとよく似ていたといえる。

沖浦和光『幻の漂泊民・サンカ』（文藝春秋）にも、渡し守と竹細工とのかかわりをうかがわせる事実が記されている。

〈三次《みよし》盆地（広島県北部）には、馬洗《ばせん》川など四つの川が流れ込み、ここで合流して江《ごう》の川となって日本海に入る。広島県に散在する（被差別）部落の多くは、この河川沿いに配置されていた。その分布図をみると、藩権力によって強制的に分散移住させられたことがはっきりしている。河川敷にある部落は、耕地がほとんどないので、山仕事・船稼業・川魚漁・鵜飼、それに竹細工がおもな生業だった。

石田家が住んでいた地区も馬洗川の河川敷にあって、江戸時代から「岡田の渡し」の船頭をしていた〉

右の「石田」は、著者が聞取りをした被差別部落住民の姓である。

ここに列挙したのは、わたしがたまたま気づいた例の一部にすぎない。渡し守差別が広い地域に存在していたらしいことは、現今の部落の立地からも十分に考えられる。

全国の部落の少なくとも半分は、人の往来が盛んな街道が大きな河川や、深い谷間に差しかかる場所に位置している。何々街道と呼ばれていた往還が大河に行きあたる地点には、必ずといってよいほど穢多村が配置されていた。それは沖浦も述べているように、たぶんに幕藩権力による強制の結果であろう。ただし、それ以前に戦国大名・武将らが進めた軍事政策にまでさかのぼる場合も、かなり多いように思われる。

そのような交通・軍事の要衝に集められた住民の中には、それ以前からの渡し守たちもいたろう。彼らはときにエタ身分に位置づけられ、ときにはもとのまま渡し守身分とされたと考えられる。両者とも、中世すでに賤視の対象になっていたが、江戸時代のとくに中期以降は法制上の賤民に組込まれることになる。そうして、差別は一層ひどくなったのである。

江戸時代の彼らの最重要の役目は、政敵や犯罪者に対する監視・警備と、その違反者の取締り・捕縛であった。その任務の対価に斃牛馬の取得権を与えられていたのである。

6　川は神の領域に属していた

古代人は山、海、川などの大自然を神そのものとみなしていた。『古事記』（七一二年成立）に見える大山津見神《おおやまつみ》、大綿津見神《おおわたつみ》、あるいは前章4節に引用した『日本書紀』（同七二〇年）の皇極天皇元年（六四二）条の雨乞いの際、村々の祝部《はふりべ》が雨を祈った「河伯《かはのかみ》」などは、それが文字に表現された初期の例である。すなわち山も海も川も、古くは神の領域であった。

渡し守は、その川をつかさどる職能民であった。彼らは舟を作り、それを自在に操って川を行き来する特別の技能をもっていた。当然、川の神を深く信仰していた。新潟県最大のタイシの村で、いまも船玉《ふなだま》神社を氏神としているのは、むろん偶然ではない。彼らは聖徳太子信仰のゆえにタイシと呼ばれるとされながら、実際には「船玉さま」を神と仰いでいたのである。

この村の前の荒川には、かつて長い船橋がかけられていた。普通の木橋では洪水のとき簡単に流されてしまう。それを避けるためと、おそらく軍事的な理由もあって、舟を連ねてそのあいだに板を渡す船橋を設置していたのである。川が増水する前に橋はすみやかに撤去され、平水にもどるとすぐに再びかけられる。それは百姓や町人には全くまねのできない高度の技術であった。

そのような先端技術者が、なぜ差別を受けることになったのだろうか。実は、その人並みはずれた能力ゆえに賤視の対象になったのである。これは世界中どこでも、そうであったらしい。阿部謹也『中世賤民の宇宙』(二〇〇七年、筑摩書房)は、三〇二ページ以下でヨーロッパでの場合に言及している。

〈大きな火を扱う人間は、普通の人間ではないと意識されていました。例えば陶器を焼く、或いは鋳物をつくる、あるいはレンガをつくるといった、野外で大きな火を扱う仕事というものは、大宇宙と小宇宙の狭間で働く人間の仕事として畏怖の眼差しでみられていました。浴場主とか煙突掃除人の場合も、ほとんど同様であります。

次に水をみますと、水も人間の日常生活にとって不可欠なものですけれども、火と同様に宇宙に由来する、神秘的なものとしてうけとめられていたのでして、人間が水から生まれたという神話は、世界のいたるところにある。水がまさに大宇宙そのものであることがこれによってわかります〉

右の大宇宙とは、「自然界の諸力、洪水とか嵐とか、或いは不作とか死とかあらゆるものがある」世界であり、小宇宙は「そういうものの中で人間がかろうじて制御しうると考えられた範囲」のことである。

そうして、阿部の指摘によると、「二つの宇宙の狭間に成立した、つまり大宇宙を相手に仕事をする特別な能力を持っていた人間、これが本来の被差別民の位置なのです」ということになる。

このあたりのことには、このあとも触れていくつもりだが、とにかく渡し守が差別された理由が多少はわかっていただけるのではないかと思う。

弾左衛門の二十八座の「山守」と「関守」についても、ほぼ同じことがいえる。

山は前述のように神の領域（阿部の言葉では大宇宙）であり、山守はそこを管理する職能民であった。実際には、森林の盗伐の監視・防衛に当たったり、山の作物を盗難や災害から守ったり、森林火災の番を仕事にしたりしていた。彼らは「林番《はやしばん》」とか「官林《かんりん》の人」などの蔑称で呼ばれることもあった。国有林の番人でも、一定の差別を受けていた時代（もちろん明治以後のことである）と地域があったのである。

関守は関所の番人を含んでいる。国境警備の責任者は、その土地の有力者がえらばれることが多かった。しかし、その下で実務に従った者は、たいてい近隣の被差別民であった。山《さん》村《そん》部落（山間地に位置する旧穢多村や非人部落）には、そのような例が珍しくない。

現在の愛媛・高知県境の高知県側のある部落も、その一つであった。近くに番所があって、坂本龍馬が脱藩する際、「通らせてもらうぜよ」と言いながら堂々と通り抜けていったという伝説がある。ここの十数戸の家には、戦後も遅くまで十手やさすまたが保存されていたが、平成十年ごろ高知市から骨董商がやってきて、ほとんど全部を買い取っていったということである。

関守はしかし、村落社会では「堰守《せきもり》」を指すことが多かった。堰守は取水堰や溜め池の取水口の番人である。これはまさしく、水を管理する者である。江戸時代に、それを仕事にしていたのは、まず例外なくエタか非人であった。明治以後には、しばしば無籍の非定住民が村に雇われて、その仕事をすることがあった。

「サンカ」の名で呼ばれる漂泊民は、山守か堰守として定住生活を始めることが多かった。

彼らも元来は箕や機織《はたお》り具の部品の筬《おさ》を作る技術系集団か、川魚漁に生きる職能民であった。後者の集団は渡し守との共通点が少なくない。

第六章　地名から見える「イチ」の昔

1　九州山中のイチの村

大分県玖珠《くす》郡玖珠町戸畑字市ノ村《いちのむら》は、九州山地の北端近くに位置して、玖珠川の上流を見下ろす小さな山村である。平成二十二年当時で一一戸、過疎化が始まる前でも十数戸しかなかった。

一帯の地形はかなり険しく、また人家の集まり具合からいっても市場が立っていたことによる地名だとは考えがたい。この地名が「イチ」の居住に由来することは、まず疑いないとしてよいと思う。それは、いくつかの状況証拠によって裏づけることができる。

この小集落の資料上の初見は、建武五年（一三三八）の「豊後国小田道覚跡田屋敷注文」で、そこでは「一ノムレ」と表記されている。ムレはムラの転訛または、それと同義の語だから、七〇〇年ばかり前の南北朝期すでに「イチの村」と呼ばれていたことがわかる。

集落の住民によれば、一一戸のうち一〇戸が「湯浅」姓を名乗り、祖先は現和歌山県有田郡湯浅町から、ここへやってきたとの伝承があるという。氏神は伊勢神社であり、その名が紀伊の隣の伊勢国あるいは、そこの伊勢神宮にもとづく可能性が高いらしいことを合わせ考えると、伝承はただの作り話ではあるまい。

ここのイチがどんな存在であったのか、ある程度の想像はつく。

玖珠川のこのあたりでは、川べりから温泉が湧くところが多い。二・五キロほど下流の天《あま》ケ瀬《がせ》温泉は、北部九州ではわりとよく知られた温泉街になっている。市ノ村の対岸の湯ノ釣《ゆのつる》温泉はずっと小さいが、やはり河原に泉源がある。

その向かい、つまり市ノ村の真下にも川中から湯の湧く場所があり、いっときコンクリートで囲んで露天の温泉にしていた。そばに数十体の羅漢像が立ち、祠もあった。毎年八月十五日には、市ノ村の住民が、そこで祭りをしたあと伊勢神社へお参りをしていた。ここが、ただの保養地でなかったことは明らかであろう。

それでは何であったのか。そこは一種の聖地であった。禊《みそぎ》の場として使われていたのである。禊は心身の穢れを清める行為で、神に何かをお願いしたり、神のもとへお参りする際に行う。この村のイチは、その場をつかさどることを職掌としていたように思われる。それがいつまでつづいていたのか、わからない。しかし、川中の湯が何か神聖な目的に供されていたという記憶は近年あるいは今日まで残っていて、だからこそ右に述べたようなお祭りが行われていたのである。

そのような場所をふつう「イチの瀬」と呼んでいた。文字に書くときは、だいたいは市ノ瀬か一ノ瀬となる。この地名は全国的に、おびただしく存在する。これについては次節以下で詳しく取上げるつもりである。

市ノ村の下流の天ヶ瀬も、同趣旨の地名かもしれない。日本地名学研究所（奈良市。神奈川県川崎市の日本地名研究所とは別）の所長で、すぐれた地名学者の池田末則は、アマガセはマガセに接頭語の「ア」が付いたものではないかとしたうえで、「マガはウラ（占）と同語で、一種の呪力をもつ卜筮《うらない》に密接な関係をもつことは否めない」（『古代地名発掘』新人物往来社、八四ページ）と述べている。

右のマは接頭語ではなく、アマは「聖なる」といったほどの意の一つの言葉だと考えることもできるのではないか。そうだとしても、アマガセは祈り・禊の場を指すことに変わりはない。

池田は同書で、奈良県内の十数ヵ所のアマガセおよび類似の音をもつ地名を列挙している。そのうちのアマカワセは、現高市郡明日香村稲渕《いなぶち》の小字である。稲渕は既述の皇極女帝の雨乞いの際、「天を仰いで」祈ったという南淵《みなみぶち》にほかならない。ミナミブチ―ミナブチ―イナブチと変化したのである。

稲渕の地内を飛鳥川が流れている。『万葉集』の六二六に、

君により言《こと》の繁きを古郷《ふるさと》の

奈良県高市郡明日香村稲渕の飛鳥川の通称「ハチマンダブ」。皇極女帝が雨を祈ったのは、ここだとの説がある。

明日香の川に潔身《みそぎ》しにゆくとあることからもわかるように、いつとも知れないころから飛鳥川は禊川《みそぎがわ》とされていた。

大分県・玖珠川べりの天ヶ瀬も、そのような場所であった可能性は十分にある。これが当たっているとすれば、中世の市ノ村の住民は、少し離れた天ヶ瀬の禊場にかかわる職能民であったこともありえる。あるいは、そこの繁栄に加われず、近くにもう一つの禊場を新たに設けたのかもしれない。

2　禊《みそぎ》の場に付いた地名

「市」や「一」の文字が付いた地名があるからといって、そこが「イチ」なる宗教者とかかわりがあったとはかぎらない。

それとは無縁のイチ地名で多いのは、まず日限市《ひぎりいち》（定期市）や常設市によるものである。前者の例としては、

・岐阜市一日《ひと》市場《いちば》
・三重県四日市市
・広島県廿日市《はつかいち》市

など、ほとんど無数といってよいほどある。

青森県八戸市には朔日《ついたち》町、三日町、六日町、八日町、十日市、十一日町、十三日町、十六日町、十八日町、廿三日町、廿六日町があり、十日市を除いて「市」は付いていないが、いずれも日限市による地名である。

中国地方には、単なる「市」や、下に「市」が付く地名が珍しくない。

・岡山県新見市上市《かみいち》
・広島市安佐北区安佐町鈴張字市《いち》
・島根県大田市久利町市原字今市《いまいち》
・山口県周南市古市《ふるいち》

などで、いずれも市場によると思われる。

イチ地名では、イチが「一つ」や「一番目」を指す場合も少なくない。

・岩手県二戸市浄法寺町一反田《いったんだ》

・東京都八王子市上壱分方町《かみいちぶかた》
・静岡県浜松市浜北区油一色《あぶらいっしき》
・愛知県一宮市

などは、その例である。

しかし、市場や一つ、一番目では、どうしても解釈がつかないイチ地名も、またおびただしい。その一つに先に挙げた市ノ瀬、一ノ瀬がある。この地名は全国で少なくとも数百、小地名まで細かくひろっていったら一〇〇〇を超すのではないかと思う。

イチノセは後述のように、しばしば山中深くに位置している。というより、それが普通である。瀬は川の急流を指す語だから、それも当然だといえる。したがって、市場にもとづく地名ではないことになる。

それでは「一番目の瀬」の意味だろうか。そのような場合も、ないことはない。だが、イチノセの近くにニノセ、サンノセが存在することは、かなり珍しい。一番目であれば、二番目、三番目があって当然なのに、そうはなっていないのである。

卑見では、各地に多いイチノセは、おおむね「近くにイチが居住していた瀬」または「イチがつかさどっていた瀬」を指している。すなわち、そこは禊の場であった。そこで何かを祈ったのである。大分県玖珠町市ノ村の下の玖珠川の河原は、そのような場所であったろう。二・五キロほど下流の天ヶ瀬も同様であったと考えられる。

これを立証するには、できるだけ多くのイチノセを観察・調査する以外にない。とはいえ、その数は二〇や三〇ではきかない。わたしが調べたのは、せいぜい十数ヵ所だが、それでも一応の見通しは立てることができたような気がする。次に、それについて記すことにしたい。

3　イチノセ地名を歩く

現在の和歌山県南東部に所在する熊野信仰発祥の地、熊野三山《さんざん》（本宮、新宮、那智）への参詣路沿いには、かつて九十九王子《くじゆうくおうじ》と呼ばれる聖地が置かれていた。その数は正確に九九ヵ所ではなく、新設・廃絶などで時代により増減があるが、最大で一〇〇ヵ所ほどであった。

そのうちの、

・和歌山県西牟婁《むろ》郡上富田《かみとんだ》町市ノ瀬の市ノ瀬（一瀬とも）王子

は、いまも遺跡が明瞭に残っている。

それは富田川左岸（南岸）の山すそにあり、祠と樹齢二〇〇—三〇〇年ばかりとおぼしきクス（楠）の巨木が立っている。イチノセは、ここから一〇〇メートルくらい離れた富田川の浅瀬と淵が連なった場所のことである。熊野詣での人びとは、この清冽な浅瀬を渡ることで水垢離《みずごり》を取ったとしたのである。水垢離は、いうまでもなく清い水を浴びて穢れを取去ることである。この垢離場をつかさどっていたのは、むろん熊野修験だったろうが、それをイチと呼んでいたから「市ノ瀬」の地名が生まれたと考えられる。

和歌山県西牟婁郡上富田町市ノ瀬の富田川。熊野詣での人びとは、このあたりで水垢離を取った。

ここよりはずっと京都に近い、

・大阪府泉南市信達《しんだち》牧野

にも、一之瀬王子があった。その川がどこか、いまでは確認が難しいようだが、名前の由来は富田川のそれと同じであろう。

・和歌山県東牟婁郡那智勝浦町市野々の

市野々王子

は、ここが川ではなく、イチがかかわる野であったことによる地名だと思われる。イチノノはイチノセほどではないが、各地になかなか多い地名である。

ついでながら、九十九王子のうちの逆《さか》川《がわ》王子、久米崎王子は同県有田郡湯浅町に位置している。湯浅は既述の、

・大分県玖珠郡玖珠町戸畑字市ノ村

の住民が、自分たちの出自の地だと伝えているところである。熊野修験は各地を旅

して歩くことが多く、しばしばその先々に移住した。市ノ村の住民の先祖が、熊野修験であった可能性は十分にありえる。

・石川県白山市白峰《しらみね》字市ノ瀬

は、古代以来の山岳信仰の聖地、白山（二七〇二メートル）への禅定道《ぜんじょうどう》の重要拠点であった。前面は手取川の源流に近い清冽な流れであり、ここを白山修験たちが禊・垢離の場としていたことは想像にかたくない。

・高知県土佐清水市下ノ加江《しものかえ》市野瀬

の伊豆田《いつた》神社は、『延喜式』（一〇世紀前半成立）の「神明帳」に見える伊豆田神社に比定されている。

現在は市野瀬の人びとが世話をしており、ここにはほかに神社はないので、村の氏神のようになっている。しかし、古くはもっと広い信仰圏をもっていたらしく、それを裏づける事実もある。だからこそ、式内社にえらばれたに違いない。

伊豆田神社の祭礼は、市野瀬川を三キロばかり下った市野々の氏神である天満宮および、さらに一キロくらい下の小方《しもおがた》の氏神、神母《いげ》神社と同じ旧暦九月二十五日である。祭日が重なるだけでなく、祭りそのものが一体化していて、三社の神輿は天満宮に集結することになっているのである。現存の三社は、もとは一つだったから、そんなことになるのであろう。

ここで注意されるのは、伊豆田神社に最も近い村をイチノセといい、そこと信仰を同じくする村の一つをイチノノと称することである。このイチは、式内伊豆田神社の神事にかかわっていた人びとを指しているに違いない。前者は「イチが住む近くの瀬」、後者はそのような野の意だと考えられる。

さらに、イッタ神社の「イツ」もイチと同じ言葉の可能性がある。この点は別にしても、伊豆田神社の信仰圏でかつて神事にあずかる者たちをイチと呼んでいたことは間違いあるまい。

わたしが訪ねた市ノ瀬、一ノ瀬はまだほかにもあるが、いまでは何の変哲もない場所がほとんどであった。それらは、ときに人家も全く見当たらないような山中に位置していた。そのせいもあるのだろうが、だいたいは近くにいかにも禊・垢離にふさわしい流れがあった。なお、各地によくあるハライガワ（文字は祓川や払川）、ミソギガワ（禊川）も、イチノセと同趣旨の場所であったと思われる。ただし、なぜかイチノセの地名の方がずっと多いようである。これは「イチ」なる言葉が、かつてはきわめて一般的な日常語であったことを示しているといえる。

4　一ノ谷も同義の場所である

イチノセよりは少ないようだが、イチノタニの地名もあちこちにある。いちばん著名なそれは、源平合戦の戦場になった現在の、

・兵庫県神戸市須磨区一ノ谷町

であろう。ここは市街化が著しく、昔の様子がよくわからないので、宗教者としてのイチとの関係は確認できない。

わたしが、いま紹介しておきたいのは、

・高知県土佐郡土佐町和田字能地《のうじ》

に残る伝説である。

能地は四国山脈の脊梁に近い山間地で、そこに緑ヶ滝（大樽滝《おおたる》とも）という落差二〇メートル余の滝がある。これは滝の裏側を人が通ることができる、いわゆる裏見の滝である。滝の中ほどの裏側に岩窟があり、そこに小さな祠《ほこら》が祀られている。見るからに修行の場といった感じで、『土佐町史』（一九八四年）によると、明治三十二年（一八九九）生まれの男性が子供のころ、その穴で「広島県出身の僧職」が暮らしていたという。ここに次のような伝説があったことが、同町史に見えている。

〈昔、弘法大師が四国霊場を開くためにこの谷筋へやってきた。お大師さんが八十八谷ないと霊場を開くわけにはいかんが、婆さんあんたの一谷を譲ってはくれまいかと言うたそうな。するとこの谷は昔から作《さく》をしてきた所で、これをやったら食べるのに苦労するゆうて譲らなんだそうな。そこで一谷足らんで霊場はできなんだそうな〉

まことにたわいない話で、これが作られたのも、さして古い時代ではあるまい。ただ、注意されるのは「婆さん」が作をしていた場所を一谷と呼んでいたとしているところである。伝説では、これを「一つの谷」の意に受取っているようだが、そうではなく「一谷《いちのたに》」の通称地名があったのだと思われる。右の話は、その由来を語るために考えだされた地名説話の可能性が高い。

そうだとするなら、婆さんは緑ヶ滝のそばに住んで、祈禱のようなことを業にしていた「ウバ」という一種の女性宗教者であったろう。それは語を替えればイチにほかならなかった。緑ヶ滝は、いつとも知れないころからの聖地であったことが確実であり、さまざまな宗教者が入れかわり立ちかわり居住していたと考えられる。

そんな場所は、ほんの一世紀ほど前までは全国至るところにあった。土佐町だけでも、同種の聖地は一〇ヵ所くらいも知られている。近くの同町上津川《こうづがわ》の通称独鈷岩《どっこいわ》の前にも、昭和の初めごろまで「コウナロ」の屋号の家があり、祈禱のようなことをして生活していた。その家の跡は、いまもはっきりと残っている。

上津川から西へ二〇キロばかり、

・高知県吾川郡いの町桑瀬字一ノ谷

も、おそらく緑ヶ滝そばの「一谷」と同様の場所であったろう。ここは四国第一の河川、吉野川の支流、葛原《かずらはら》川の源流域に当たり、一帯には滝が多い。そのどこかに、イチなる宗教者がつかさどる聖地があったことは、まず疑いないように思われる。

イチノセ、イチノタニと同じ趣旨の地名としては、ほかにイチノサワ、イチノカワ、イチカワなどがある。流れ以外でいえば、イチハラ、イチヤマなどの中にも、それが含まれている可能性が高い。

それらを合わせると、イチ地名はどんなに少なくみても、数千単位になる。これはもちろん、市場や一番目によるものを除いての話である。この事実は「イチ」なる言葉が、きわめて一般的であったことを示している。そうして、卑見ではエタ（穢多）の語も、これの転訛だとするのである。ただし、それを納得していただくためには、まだまだ語らなければならないことがある。

5　盲人の名に付く「イチ」について

勝新太郎主演の映画やテレビドラマで知られる、盲目の渡世人「座頭市」の物語は、小説家子母《しも》澤寛《ざわかん》の『座頭市物語』から想を得たものである。ただし、映画やドラマの座頭市は、ほとんどは勝の創作によるらしい。だから、架空の人物だといえるが、そのモデルになった男は実在したようである。

子母澤が、房総地方の俠客　飯岡助五郎（一七九二―一八五九年）のことを調べるため千葉県香取市佐原を訪れた際、土地の古老から「座頭の市」と呼ばれていた盲目の俠客の話を耳にする。市はいっとき、助五郎のもとにわらじを脱いでいたとされている。子母澤は、その話を素材にして『座頭市物語』を書いたのである。わたしがここで指摘しておきたいのは、そのいきさつのことではなく、座頭市の市もやはり、前節までに説明してきた「イチ」と同じ語だということである。

盲人が、名前にイチを付ける例は無数にあった。それが、あたかも規則であったかのごとくでさえある。それを「イチ名《な》」と称していた。例えば、『群書類従』を編纂した盲目の国学者、塙保己《はなわほき》一《いち》（一七四六―一八二一年）も、その一人であった。保己一は現埼玉県本庄市児玉町保木野《ほきの》の生まれで七歳のとき失明、いくつかの通称をへて保木野一さらに保己一と改名している。この「一」も、座頭市の市と同趣旨の名乗りにほかならない。

『七十一番職人歌合』（1500年ごろ）に描かれた琵琶法師（『群書類従』版より）。

イチ名の由来は、すこぶる古い。一四世紀の南北朝時代に活躍した著名な琵琶法師、明石検校《あかしけんぎょう》の名は覚一であったし、その師は如一、さらにその師は城一といったと伝えられている。イチ名が鎌倉時代末には、すであったことは間違いあるまい。

盲人たちは中世から「当道《とうどう》」と呼ばれる治外法権的な職能団体を形成していく。江戸時代になると、それは権力の介入を許さないほど強化されて、死刑とか遠島のような重罪であっても、当道内部で裁判・処刑を行っていた。座内にはきびしい階級制が敷かれ、検校・別当・勾当《こうとう》・座頭の四官が置かれ、それが一六階七三段階に細分されていたようである。

座頭市のモデル「座頭の市」は、そのような座には入っていなかったろう。ただ、部外に身を置く盲人たちを世間では最下級の座頭の名で呼ぶ習慣があり、それにイチを付けたのが、くだんの侠客の通称になっていたと思われる。ついでながら、塙保己一は晩年、検校の中でも最高位の総検校の地位に就いている。

盲人は、なぜ自らの名にイチを付けたのだろうか。もとは、世間が彼らをイチに近い存在だと考え、そう呼んだからに違いない。盲人は生まれながらにして、あるいは人生の途中で五感の一つを失っている。それによって、ほかの感覚がとぎすまされ、するどくなることは経験上、多くの者が知っていたろう。それを並はずれた能力だと感じ、イチの姿に重ねたのだと思われる。

東北地方のイタコは、原則的に盲目の女性であった。これを一種の社会保障制度であったかのごとく解釈する向きもあるが、それは結果であって元来はあくまで、そのような人びとの呪的能力を認めたうえでの信仰に発している。

沖縄のユタも、だいたいは女性である。幼いころから、神にかかわる夢をよく見たり、他人の運命について口走り、それが当たっていたりといった傾向を示す人が多かったようである。それが病気、仕事の失敗、私生活のつまずきなどをきっかけにしてユタへの道を歩みはじめるのが一般的であった。その不幸によって生じる心身の異常を「巫病《ふびょう》」という。

シャーマンと巫病との関係は、時代を問わず世界的に見られる現象だとされている。

琵琶法師は主に中世、琵琶を弾じながらあちこちを渡り歩いた盲目の芸能者であった。彼らのうち、『平家物語』の筋を語ることを渡世とする平曲《へいきょく》琵琶法師のみが今日、人に知られているといって過言ではない。

しかし琵琶法師には、もう一派があった。地神経《じしんきょう》を唱えつつ竈祓《かまどばら》いをして歩く盲人の僧である。地神経は地神（じがみ・じしん）を奉ずる一種の経文で、ごく平俗な文字が並べてあった。竈祓いは荒神祓いともいい、民家の竈を清めるお祓いである。一世紀ばかり前までは各地に広く見られた民間習俗で、これに当たる下級の宗教者は、しばしば乞食に近い存在のように考えられていた。

被差別部落の住民が、近隣の竈祓いに出ていた例は少なくなかった。それは、江戸時代の斃牛馬の取得権のように排他的な権利になっている場合もあった。つまり、一種の旦那場になっていたのである。

琵琶法師の少なくとも一部は、鎌倉時代末にはイチ名を用いていた。その一派が、竈祓いという典型的な呪的行為に従っていたことになる。竈祓いは、近世・近代には穢多村・被差別部落の住民がなりわいとすることが珍しくなかった。これはイチとエタとが通底していることを示す一例といえる。

第七章　「坂ノ者」小史

1　京都・清水坂の被差別集団

観光名所「清水《きよみず》の舞台」で知られる京都市東山区の清水寺への参道は、清水坂と呼ばれている。その距離は、寺の西北西に位置する東大路通松原から七〇〇メートルほどであろう。

この一帯は、遅くとも一一世紀には被差別民たちの集住地になっていた。彼らには時代ごとに、さまざまな呼称があったが、もっとも古い呼び方は「坂下之者」だったと思われる。その資料上の初見は、藤原実資《さねすけ》の漢文体の日記『小右記《しょうゆうき》』万寿四年（一〇二七）十二月四日条の、

「悲田病者幷六波羅蜜坂下之者」

だとされている。

悲田《ひでん》病者は、古代の貧窮者・病者・孤児などを保護・収容するための施設「悲田院《ひでんいん》」への収容対象になっていた病者を指すと考えられる。その中には、しばしばハンセン病者が含ま

れていた。ハンセン病者は周知のように、かつてはきびしい賤視のまなざしを向けられる存在であり、乞食同様にみなされるのが普通であった。「カッタイ」なる言葉は「傍居《かたい》」（道のかたわらにいる、の意）を語源とするが、それはハンセン病者と乞食の別称であり、また蔑称でもあった。悲田院は、そのような人びとと深く結びついており、のちには悲田院という語そのものが非人と同義になってくる。

六波羅蜜《ろくはらみつ》は、「市《いち》の聖《ひじり》」と呼ばれた空也（九〇三―九七二年）が開いた六波羅蜜寺を指すのであろう。同寺は清水坂の西端から、鴨川にかかる松原橋方面へ延びる松原通沿い近くにある。すなわち、坂下に位置している。空也は貧民救済につとめるかたわら、野ざらしの死骸を集めて手厚く葬ったと伝えられており、それゆえに差別の対象になっていた者たちが多く身辺に集まっていた。前にも触れた近世山陰地方の被差別民「ハチヤ」は、空也の流れをくむと自称する念仏集団であった。

その六波羅蜜寺周辺の集団が坂下之者であり、悲田院病者と同種の人びとだと考えられていたことになる。同じ日記の長元四年（一〇三一）三月十八日条にも「清水坂下之者」が見える。当時すでに、松原通をはさんで六波羅蜜寺の向かいに六道珍皇寺《ろうどうちんのうじ》があったが、この寺は古代国家の施米場になっていた。悲田院に似た施設だったことになる。珍皇寺は、京都の葬送地鳥辺野《とりべの》の入り口に当たる場所に位置して、その前は「六道の辻」の名があった。清水坂下は死の穢れとも結びついていたのである。

坂下ノ者は、国家や権門勢家からの施行を受けて貧窮民やハンセン病者の救済・看護の役目を負っており、その対価に葬送時の副葬品を取得する権利を与えられていた。それは、のちに「オンボウ」（隠亡《おんぼう》などと宛て字されるが、御坊《おんぼう》が原義であろう）と称される被差別民の姿とぴったり重なっている。

彼らは中世になると、「清水坂非人」とも呼ばれるようになる。その組織は長吏を頂点とし、「近江」とか「播磨」などの受領名《ずりよう》を付けた数人の法師が補佐していた。そのころには、坂下ノ者ではなく「坂ノ者」の呼称が一般的になっていた。それは中世には、非人と同義語であった。

室町時代には、彼らは延暦寺の寄人《よりうど》となり、また祇園感神院にも属して「犬神《いぬじ》人《にん》」とも称されていた。平素は沓《くつ》や弓弦《ゆみづる》を製作し、とくに弓弦の行商の際、

「弦《つる》、召《め》し候《そうら》え」「弦、召せ」

と呼びかけたことから、「つるめそ」とも称された。

つまり、坂下ノ者・坂ノ者・非人・犬神人・ツルメソなどの異称をもち、時代的な生態の変遷はあるにしろ、同じ系譜の集団であった。彼らは、清水坂を西へ降りきったあたりに集住し、近世には現東山区弓矢町に居住していた。そこは松原橋から東へ二〇〇メートルばかりに位置している。

祇園祭の際、武装して神輿を先導する犬神人の役は、大正時代まではここの住民がつとめ

ていたという。彼らに神人の名が付いていたこと、京都きっての祭りに重要な役割を演じていたこと、延暦寺の寄人でもあったことなど、宗教者の一面があったことは明らかだといえる。

半面、彼らは一貫して差別・賤視の対象でもあった。弓弦は牛馬の腱《けん》を材料にし、接着剤として膠《にかわ》(牛馬の骨、皮、腱、内臓などを煮て作る)を使う。その仕事は近世・近代のエタの職掌と重なっていたのである。彼らは、イチ(宗教者)とエタとが通底することを裏づける存在でもあった。

2　坂ノ者は各地にいた

京都・清水坂の被差別民は、鎌倉時代の初期から中期にかけて奈良・奈良坂の被差別民と激しい勢力争い、武力闘争を起こしたことがあった。そのいきさつを記した文献は、元仁元年(一二二四)から寛元二年(一二四四)までしか知られていないが、争乱はその前に始まり、その後にも及んでいたことが確実のようである。

両集団とも、資料には「非人」と書かれている。彼らは、それぞれの域内に「非人宿《ひにんじゆく》」と称する支配地域を従えていた。奈良坂の場合は、その数を七宿とした資料がある。争いは、お互いの勢力範囲の獲得や、末宿《まつしゆく》の支配権を背景にして起こり、ときに死者を出すこともあった。

宮城県栗原市金成小迫（かんなりおばさま）の白山神社祭礼で、神幸の列を先導する白馬の鎧武者。その武装した姿と祭りでの役割は、京都・祇園祭における犬神人によく似ている。

一方の清水坂非人が、前節で取上げた清水坂下ノ者すなわち坂ノ者であることに疑問の余地はない。もう一方の奈良坂非人は、現在の奈良市北端、京都府木津川市に接する奈良坂町の奈良坂（般若寺坂）に集住していた。ここには鎌倉時代に建設されたハンセン病者の収容施設「北山十八間戸《じゅうはつけんこ》」の造りをそのまま伝える建物が、いまも残っている。遅くとも中世初期には、ハンセン病者や乞食と深くかかわった土地になっていたのである。

奈良坂の被差別民に坂ノ者の呼称があったことは確認されていないようだが、彼らは清水坂の非人と同種の集団であり、双方に人的交流もあった。清水坂下の住民を「坂ノ者」と呼んでいた京都の人びとが、奈良坂の非人を見れば同じ呼び方をしたことは間違いあるまい。

坂ノ者なる語は京都で発生した可能性が高そうだが、やがて各地へ広まっていく。例えば、滋賀県琵琶湖南岸の瀬田、大阪府南部、兵庫県の有馬温泉、高知県などに中世、坂ノ者の名で呼ばれる被差別集団が居住していたことが資料によって確認されている。

このうち、とくに注目されるのは、高知県の場合である。中世、坂ノ者と称される被差別民がいたことが確実な地域は、おおむね畿内と近国に限られるのに、そこから遠く離れた南四国に孤立した形で存在していたからである。しかも後述のように、土佐には全域に坂ノ者が住んでいた。その集団は江戸中期には、公式には穢多と記されるようになる。少なくとも土佐では、坂ノ者とエタとは系譜的にはっきりとつながっていたのである。

サカ（坂）とサカイ（境）とは、おそらく語源をひとしくしている。そうでなかったとしても、坂が山と平地の境界を意味する言葉であることに変わりはない。山は元来は神の領域であり、人の世界である平地との境界が坂であった。そこに住み、二つの世界（阿部謹也の言葉によれば、大宇宙と小宇宙）をつなぐ役目をになった者が坂ノ者である。それは山と川との違いこそあれ、第五章の後半で言及した渡し守によく似ている。

清水坂下ノ者は、既述のように葬送にもかかわっていた。東側の清水山（二四二メートル）の山腹は古代以来、京都を代表する葬送地の一つであり、のちにはその一角の鳥辺山《とりべやま》（鳥辺野）が墓地の代名詞のようになっていく。清水寺の南西には、いまも大墓地群がある。そこでは少なくとも千何百年かにわたり、葬送が絶えることがなかった。坂ノ者は、その実務をになっていたのである。

死ぬということは、神の領域へ入っていくことである。人の世界から神の領域へ移ることである。坂ノ者は、その手助けをしていた。それにもかかわらず、そしてそれゆえに差別・賤視の対象になっていたのである。ここにも呪的能力者の両義性を見てとることができる。

坂ノ者は、中世には非人や河原ノ者などと並んで代表的な賤民呼称の一つになる。畿内あたりでは、エタよりもむしろ一般的な言葉であったかもしれない。その集団の多くは、別に地形上の坂に居住していたわけではない。それはあくまで、特定の人びとを指す呼称になっていたのである。

3 「サンカ」は坂ノ者が訛った語である

ほんの一世紀たらず前まで、サンカと呼ばれる無籍・非定住の民が日本各地に存在していた。新聞や雑誌などでは、「山窩」と書かれることが多かった。

彼らには、それぞれの地方で、さまざまな呼び方があった。ミナオシ、テンバ、ポン、ノアイ、サンカ、オゲ、サンガイ、ヒニン……などである。そのいずれもが全く同種の集団だったわけではなかった。ただ、彼らには共通する大きな特徴があった。代々の無籍者であり、だいたいが定まった居処をもたなかった点である。

この集団に初めて学問的関心をいだいたのは、柳田國男であった。柳田は明治の末年、『人類学雑誌』に論文「『イタカ』及び『サンカ』」を発表したが、これがサンカなる人びとについて言及された最初のまとまった著述であった。その際、柳田は各地の民俗語彙では異なる呼称をもつことを承知のうえで、いちばん広く使われていると考えたサンカという語で彼らを総称したのである。

柳田は、のちに日本民俗学の創始者として、この方面の学問に広く深い影響を及ぼすことになったから、サンカについても以後の研究者・観察者が柳田にしたがい、この語を同種集団の総称として用いつづけることになったのである。すなわち、サンカはたぶんに研究者の専門用語のような言葉になっているといえる。

サンカなる民俗語彙が存在したのは、西日本の一部地域だけであった。今日、その範囲を厳密に特定することは難しいが、近畿地方の西部と中国地方の東部および広島、島根県が含まれることは確実である。これに接する、例えば滋賀、福井、三重県などでも使われていた可能性が高い。関東、九州、四国地方には、この民俗語彙はなかったようである。

サンカという言葉が最も濃密に分布していた近畿西部と中国東部では、彼らの主たる生業は川魚漁であった。つまり、これらの地方ではサンカは無籍・非定住の川漁師を指していたのである。彼らはきびしい差別・賤視の対象になっていて、その生活水準は被差別部落の住民よりかなり低かったろう。彼らは定住したあと、行政や周囲から同和地区として扱われるようになった場合もある。

サンカの語が記録されている最古の文献は、いま知られているかぎりでは『貞観政要格式目《じょうがんせいようきゃくしきもく》』（以下、『格式目』と略）である。この書物は著者も成立年代も明らかでない。内容は僧の官位と位牌の書き方を述べたもので、僧侶向けの実用書だといえる。現在、七点ほどの写本と、いずれも江戸時代刊行の板本（印刷本）三種が知られており、かなり読まれた書物だったことがわかる。

奥書が付いた写本のうち最古のものは、高野山金剛三昧院慶息が天文八年（一五三九）に写していること、さらに書写が古いらしい写本が存在すること、および内容から考えて、原本は一五〇〇年ごろ成立したようである。

『格式目』を初めて広く世間に紹介したのは、歴史家の喜田貞吉《きたさだきち》であった。昭和十四年（一九三九）、雑誌『高志路《こしじ》』五巻一号所収の「サンカ者の名義に就いて」が、それである。これは永禄十年（一五六七）九月、「遠州相良荘西山寺《さいさんじ》住呂良宥」の写本であった。そこに見えるサンカ関連の記述は次のようになっている。

〈其類例ヲ云ニ三家者一也。藁履《わらじ》作リ、坪《つぼ》立テ、絃差《つるさし》等也。日本ニ而《て》ハ坂ノ者也。夫《そ》ハ皮腐《かわぼう》トテ京九重ニ入レハ覆面ヲスル也。是ヲ燕丹《えんたん》ト云也。（中略）三ケ《さんか》類例ト者《は》、渡シ守リ、山守リ、草履《ぞうり》作リ、筆結《ふでゆい》、墨子《ぼくし》、傾城《けいせい》、癩者、伯楽《ばくろう》等、皆連寂《れんじゃく》 衆ト云也。唐士《とうじ》トモ云。是ヲ云ニ非人一ト也。千駄《せんだ》櫃《びつ》ノ輩トモ云也〉

文章はやや読みにくく、首尾一貫しないところがある。ただ注目すべきは、草履作り、坪立て（壺作り、すなわち陶工のことか）、絃差し（弓弦作りであろう）、渡し守、山守、筆結い、墨子（毛筆用の墨作り）、傾城（遊女屋）、癩者、伯楽などを「三家者」「三ケ」と呼んでいたとしている点である。そうして、彼らは坂ノ者、皮腐（革坊《かわぼう》つまりエタのことか）、燕丹（エタの宛て字か）、連寂衆（行商人）、唐士（屠児《とじ》の宛て字か）、非人、千駄櫃（行商人）ともいい、洛中（旧京都市内）へ入るときは覆面をすると述べられている。

『格式目』では三家者と坂ノ者とは別の言葉であるかのようになっているが、これはサカノモノがサンカモノと変化したあとのことだったからであろう。サカノモノは日常語ではふつう、サカンモンと発音されていたと思われる。それが語中で音の転換が起き、サンカモンへと転訛した可能性が高い。これは卑見ではない。江戸時代初期の浄土宗の学僧、袋中《たいちゅう》が著書『泥洹之道《ないおんのみち》』に記した説である。

喜田は、これを支持したうえで、語中の音の転倒は上方ではことに多いと述べ、新《あら》たしいをアタラシイ、身体《からだ》をカダラ、茶釜をチャマガ、寝転ぶをネロコブなどと発音する例を挙げている。

三家者の特徴には、坂ノ者と共通するところが少なくない。喜田の指摘は十分に説得的だといってよいと思う。『格式目』が並べた三家者の職掌は、浅草・弾左衛門の「二十八座」中の弦差、渡守、山守、筆結、墨師、坪立、傾城屋と完全に一致し、異称の非人も二十八座に含まれている。『格式目』の草履作り、癩者、伯楽の三つは二十八座に見えないが、いずれも差別と無縁ではなかった。

要するに、一五〇〇年ごろ、右に挙げられた人びとは外部社会から同じようなまなざしを向けられていたのである。そうして、彼らを三家者、坂ノ者、皮腐、燕丹、非人などと呼んでいたことになる。それぞれの職業に従事していた者たちは、それぞれ別の理由で差別されていたのではあるまい。そこには共通の根源があったはずである。それこそが呪的能力者差別だとするのが卑見である。

4　土佐国の坂ノ者

おそらく京都あたりで生まれた「坂ノ者（サカンモン）」という言葉は、一部地域で「三家者（サンカモン）」と転訛して、のちには近畿地方や中国地方、中部地方へと広がっていく。そうして、いつのころかにモンがとれて「サンカ」へと変わり、それとともに意味も被差別民の総称から、特別の被差別民すなわち無籍・非定住の川漁師を指すようになっていた。

一方、坂ノ者は、もとの音のまま滋賀県琵琶湖南岸、大阪府南部、兵庫県の有馬温泉、高知県などへ伝播していた。高知県の場合、前にも紹介した一六世紀末成立の『長宗我部地検帳』の各所に「坂ノ者」なる語が頻出するので、その実態がかなりよくわかる。

当時、土佐国全体で坂ノ者の居住地は八九ヵ所ばかりあった。ただし、その半分ほどは一軒にすぎず、三〇軒を超すのは三地区であった。総数は武田義友「長宗我部地検帳における『坂ノ者』の研究」（一九八二年、『高知の研究』第二巻所収）によると、推定を含めて四四四軒くらいのようである。武田は、右の坂ノ者居住地の約七六％が現在の被差別部落につながると計算している。

坂ノ者が皮革製品の生産を重要な職掌としていたことは、彼らについて「皮給」「皮屋」「カワヤ」などの記載が地検帳に見えることから明らかである。皮給は、領主に武具や馬具などの皮革製品を上納する対価に、屋敷や田畑を給与されたことを意味している。

しかし一方で、『地検帳』には彼らを「乞食」と呼んだ記載もある。高岡郡戸波《へわ》郷で、武士身分の者と坂ノ者とのあいだに起きた土地の帰属をめぐる争いに際し、坂ノ者を乞食と称しているのである。さらに、同郡用石《もちいし》村の坂ノ者が権利をもつ田地に対して、「本《もと》コジキ居《い》候《そうろう》」の注記を付した例もある。そうして、ここに隣接した小字として「猿楽《さるがく》」「金屋《かなや》」「鍛《か》冶給《じきゅう》」が今日まで残っている。つまり、この一帯には坂ノ者、乞食のほか右のような職能民が集住していたことになる。

金屋は金属関連の技術者を指すが、ここの場合、鋳物師《いもじ》を意味した可能性が高い。ここは江戸時代、土佐では数少ない鋳物師たちの集住地だったからである。その鋳物師も猿楽（いま能楽と呼んでいる芸能）も、弾左衛門の二十八座に名が載っている。

このような被差別民たちは、たまたまここに集まっていたわけではあるまい。差別・賤視の対象になっていた人びとが、お互い助け合うために土地条件のよくない場所で肩を寄せ合って暮らすことになったのではないと思われる。彼らはあくまで、もとから一体の集団であったろう。すなわち、皮細工にかかわり、鋳物師でもあり、鍛冶の仕事もし、猿楽も舞ったのである。

前にも紹介した室町時代の作庭師、善阿弥は奈良・興福寺大乗院の庭園改築などを手がけ、「築山引水の妙手、比倫無し」と評されたが、「エタ善阿弥」とも呼ばれ、孫の又四郎は「それがし屠家に生まれしを一心に悲しむ」と嘆いたと伝えられる。善阿弥らが属した集団は、すぐれた庭作り人を生み出す一方、牛馬の解体にもかかわっていたのである。「本コジキ居候」と『地検帳』に記された地域は、明治以後もずっと被差別部落として扱われつづけ今日に至っている。幕末に何戸かの鋳物師がいたことは確実だが、その後のことはわたしにはわからない。近代になってからのこの地区の生業は、牛馬の解体に関連する仕事と竹細工が主になっていた。竹細工には箕《み》の製造、行商も含まれていた。

生業のこのようなあり方は、西日本の被差別部落に共通するものであった。とくに箕と部落の結びつきはきわめて強く、箕作りを仕事にしていた村（箕作り村）は例外なしに部落だったといっても過言ではなかった。「箕作」もまた既述のように、浅草・弾左衛門の「二十八座」に含まれていた。

要するに、土佐国のある坂ノ者居住地で、坂ノ者（エタ）・鋳物師・猿楽・箕作と、いずれものちの二十八座に並べられる職能集団が重なっていたのである。彼らは一見、互いに無縁であるかのような印象を受ける。だが、そこには重要な共通点があった。それは、いずれも呪的能力者と呼びうる存在だったことである。

5　猿楽《さるがく》と鋳物師《いもじ》のこと

箕作りがもつ呪的能力については、すでに説明した。ここでは猿楽と鋳物師をなぜ、呪的能力者と呼べるのか考えてみることにしたい。

芸能の始原が神との交流、すなわち神を喜ばせ、また神の恵みを乞う行為にあったことは、今日ではおおかたの研究者の共通認識になっているのではないか。

その芸能は日本の場合、神楽から発していた。原始の神楽は現今のそれとは全く違って、神がかりする狂乱の踊りであった。第四章2節でも述べたように、それは『古事記』(七一二年成立)に見える、天照大神の天の岩戸隠れのとき、アメノウズメノミコトが岩戸の前で舞った神楽によく表現されている。ウズメは空の桶を踏みとどろかせながら、胸乳をかき出し、裳《も》の紐を陰《ほと》(女陰)に押し垂れて踊り狂ったのである。

それは、弟スサノオの粗暴なふるまいを怒って岩戸に隠れこもったアマテラスを慰めて、高天原《たかまがはら》と葦原中国《あしはらのなかつくに》への再臨を願う祈りであった。要するに、その神楽は神の心を動かそうとする試みであり、呪的行為そのものであったといえる。

中世あたりまでの芸能は、その名残りをとどめつつ、一方で人を楽しませ笑わせる、ただの娯楽としての性格を少しずつ強めていた。芸能者差別は、そういう変化の中で生まれたのである。猿楽は中世を代表する芸能であったが、その芸の完成者として知られ、室町幕府三代将軍、足利義満の寵愛を得ていた世阿弥の猿楽ですら「乞食ノ所業ナリ」と評する者がいたのである。

江戸時代になると、芸能者の零落は目をおおうほどになり、「河原乞食」の蔑称が広まってくる。その呼称が明治以後までつづいたことは、周知のとおりであろう。弾左衛門の二十八座に「猿楽」のほか「舞々《まいまい》」「獅子舞」が出てくるのも、もちろん偶然ではない。そうして、「猿引」「鉢叩」「放下」「傀儡師《かいらいし》」も広い意味での芸能者に含まれることは、いうまでもない。

傀儡師は人形まわしのことだが、人形は「ヒトカタ」と言ったように人のかたしろ（形代）、つまり人間の代わりである。それを自在に扱うことは、神の所業に近いことになる。まさしく呪的能力者で、人形まわしは世界のどの地域においても差別・賤視の対象になっていたようである。

鋳物師については、前にも紹介した阿部謹也『中世賤民の宇宙』の説明が簡にして要を得ているので、該当部分を再び引用させていただく。

〈大きな火を扱う人間は、普通の人間ではないと意識されていました。例えば陶器を焼く、或いは鋳物をつくる、あるいはレンガをつくるといった、野外で大きな火を扱う仕事というものは、大宇宙と小宇宙の狭間で働く人間の仕事として畏怖の眼差しでみられていました。浴場主とか煙突掃除人の場合も、ほとんど同様であります〉

これは中世ヨーロッパでの話だが、指摘はほとんどそのまま日本にも当てはまると言ってよい。右の「陶器を焼く」「レンガをつくる」などは、弾左衛門の二十八座に見える「土師《はじ》師《し》」「坪立」「土鍋」に当たるだろう。

なお、弾左衛門の江戸幕府への「書上げ」では、二十八座の一つは「青屋坪立」となっているが、これは誤記または誤写ではないかと思われる。青屋は疑いもなく、藍染め職人のことである。坪立は「壺立て」、すなわち壺作りのことであろう。二つを一語とする理由はなく、これは元来は分かち書きされていたのではないか。青屋差別については、のちに改めて取上げることにしたい。

第八章　雨乞いの今昔

1　第二次大戦後にも大規模に行われていた

雨乞いとは、干天時に神に対して降雨を祈ることである。雨をつかさどる神の存在を信じ、その神に雨を降らせていただくようにお願いするというのだから、これこそ呪的行為以外の何ものでもないことになる。

今日、神に雨を乞う行為の有効性を信じている人びとは、そう多くはあるまい。しかし、古代にあっては疑う者の方がまれであったと思われる。既述のように、『日本書紀』によると、皇極天皇の元年（六四二）夏は少なくとも畿内一帯が深刻な日照りに襲われている。このときの雨乞いは「村村の祝部《はふりべ》」の祈りから始まり、国家仏教の高位僧挙げての願に至り、最後には皇極女帝自らが現奈良県高市郡明日香村稲渕の飛鳥川で「天を仰ぎて祈《こ》ひたもふ」た結果、天下を潤す大雨になったのだった。それは国家を挙げての宗教行為にほかならなかった。

昭和30年8月20日、現大阪府豊能郡能勢町で行われた雨乞い。上は柴に点火する前、神仏にお祈りしている人びと。下は千束柴の骨組みを立てているところ（同月22日付け『大阪新聞』より）。

明確な記録こそ乏しいものの、これ以前にも大小の雨乞いはなされていたに違いなく、以後も同様であった。雨乞いは二〇世紀になっても、盛んにつづけられていた。そのうち、昭和三十年（一九五五）八月、現大阪府豊能《との》郡能勢《のせ》町で行われた雨乞いは詳しい記録が残っていて、どんなものであったかがよくわかる。やや長くなるが類例のない資料なので、同月二十二日付け『大阪新聞』の該当記事の全部を引用しておきたい。

〈御神火と霊水で　降ったが焼石に水

きょうも青空、灼熱の太陽の下、一滴の雨もみずすでに二十九日間。大阪管区気象台の話では、にわか雨はあっても本格的な降雨は当分望めそうもないと。記録の上でも、去る昭和十六年の連続干天三十一日間を軽く突破しそうな気配。冷房喫茶や冷房映画にわずかな涼味を求める都会の暑さも深刻だが、それにもまして必死の表情で〃雨来れ〃と祈るのは稔りの秋をまぢかにひかえた農家の人々。全国各地では干天による田畑の亀裂がそこここにきかれ、豊作の声をよそに稲の枯死が憂慮されているという。府下では南河内郡の白木、石川、磯長の三村が〃梅川〃の使用をめぐって対立、農民三百名が川をはさんで深夜までもめ流血事件の一歩前まで追込まれ、関東でも群馬県下で水ききんが原因して休校、休業まで出る騒ぎ。

府下でももっとも手痛い被害をうけているのは豊能郡の西能勢村。溜池という溜池は全部底をみせ、頼みの綱の山辺、大路次など各河川も枯渇一歩手前。さる六日僅かな雨をみた以外は全然雨はなく、稲田の作付面積四百三十一町歩のうち枯死寸前二十五、田が割れはじめているのが百五十、いまにも亀裂しそうなのが六十五町歩と半分以上の二百四十町歩が危機にさらされている。そこで各部落の代表がよりあって協議したのが千束柴《せんぞくしば》を焚く雨乞い神事。

滋賀県琵琶湖上にポッカリ浮ぶ竹生島の宝厳寺は、遠く徳川中期から近在のお百姓たちの間に、本尊の弁財天に水乞いの願かけをすれば七日の間には雨を見ると伝えられ、干天続きの昨今では全国各地からお百姓さんたちが村を代表してやってくる。

西能勢村では十一年ぶりという雨乞い行事を二十日行った。全村千三百戸から一戸一人ずつ、さらに周辺の猪名川町阿古谷、仁部両部落から応援も出て同村近くにある剣尾《けんび》、三草山（五六四メートル）の二手に分れ、雨具を用意して、あさ三時から柴かりに出かけた。午前中には両山の頂上にそれぞれ二千四、五百束の柴でピラミッドをきずき高さ十メートル以上。たいまつをふりかざし太鼓、カネの音に合わせて〝雨を下げ、八大竜王〟と祈りながら火のまわりをとりまき、午後四時半、はるばる竹生島からもらって来た火が千束柴に点火された。そのころからまっ黒な雨雲が両山を覆い、同五十分ごろ最初の雨を呼んだ。二、三分で降りやんだが、ここで雨乞いはクライマックス、懸命に打ち鳴らすタイコ、カネの音は遠くこだまし、連日の干天で乾ききっている柴はまたたく間にもえ拡がり、炎は北摂の夕空をこがした。夜に入って雨は降ったりやんだりしたが、まだまだ焼石に水。この雨乞いは十一年前の十九年に行われ、御利益あってか、十七年の干ばつ時にも雨が降ったと村の古老は語っている〉（引用者の判断で句読点を補い、明らかな誤記は訂正してある）

二〇世紀の半ばすぎになってもなお、これだけ大がかりな雨乞いが行われていたのである。

しかも、この宗教行為に対して人びとが、それなりの信頼をおいていたらしいことがうかがえて、まことに興味ぶかい。

2　牛馬の首を淵に捧げる

昭和三十年八月の大阪府豊能郡での雨乞いは、大量の柴を焚くという儀礼を主にしていた。これは雨乞いにおける代表的な祈りの一つで、民俗語彙では「千束柴」「千駄焚《せんだた》き」「千把焚き」「千把藁」「千駄木」などと呼ばれていた。

- 東京都台東区千束
- 同大田区千束《せんぞく》（現行の住居表示では北と南に分かれる）
- 同目黒区洗足
- 同渋谷区千駄ヶ谷
- 同文京区千駄木

などは、かつての雨乞いの場に付けられた地名であった可能性が高い。同種の地名は、もちろん全国各地におびただしくあって、その総数は数千単位か、それ以上になるだろう。

雨乞い儀礼は干天がつづくにしたがい、だんだん形式が重いものに移っていく。例えば、初めのころは村人が特定の山や神社に籠もって祈願したり、水神が棲むとされる池や淵の水をかきまわしたりした。それでも雨が降らないときには、一段と重い方法が採用される。千束柴は、そのような段階での普遍的な祈りであった。しかし、なお効果がない場合、雨乞いの聖地とされている淵や滝つぼに牛馬の首を投げ込むことが広く行われていた。

『日本書紀』の皇極天皇元年（六四二）条に見える、

「村村の祝部の所教《をしへ》の随《まま》に、或いは牛馬を殺して、諸《もろもろ》の社の神を祭《いの》る」

は、おそらくそれであったろう。

殺牛・殺馬祭りは、詳しい記録こそ欠いているものの、古代から一貫して行われつづけていたと思われ、二〇世紀になっても、その例があった。次は、その様子を伝えた昭和十四年（一九三九）八月三十一日付けの『大阪朝日新聞』の記事である。

〈牛の首で雨乞い　少女歌劇の宝塚にほど近い兵庫県川辺郡小浜村川面《かわも》部落では、旱魃のとき武庫川支流、惣《そう》川の上流に牛の生首を投げ入れて雨乞ひをすれば雨が降るとの言伝へがあり、大正十二年の旱害にもこの方法で雨を得たといはれてゐるが、このごろの日照りつゞきに、しびれを切らした同部落のお百姓たちは三十日、この雨乞ひを行つた。
　豊中市の屠牛場から牛の生首をとりよせて、「雨請」と書いた長旒《ちようりゆう》を先頭にお百姓たちは牛首と牛血を入れたブリキ缶を担ぎ、半鐘、太鼓をならし法螺貝を吹く山伏も加つて二百名がモダン歌劇の都とはおよそ不釣合ひなグロテスクな行列をつくり武庫川べりを練り上り、惣川から険路二十五町の道を馬淵にいたり、グロな雨乞ひを行つた〉（原文には句

読点がほとんどない。適当に補ってある〉

この記事の存在を、わたしは高谷《たかや》重夫（一九一五―九四年）の大著『雨乞習俗の研究』（一九八二年、法政大学出版局）で知った。高谷は同書で右の記事の要点を記したあと、現兵庫県宝塚市川面で自らが行った聞取りの結果を書き残している。これも全文を引用させていただく。

〈川面の古老の話によれば、この雨乞は長尾山字檜王山の奥の谷の山の神を怒らせて雨を降らせるのだそうである。村人が檜王山麓の御坊に集り、寺の鐘、村の半鐘で出発、幟《のぼり》を押し立て、鐘・太鼓で武庫川上流の馬滝の谷（上記馬淵と同所か）に行き、そこの机岩の上に牛の首を祭ると牛の生血を一斗ばかり岩の上に流す。それがすむと一行はさらに谷を遡り馬滝に到り、滝壺の前の石に牛の首を据えて帰った。明治の初年頃までは牛三頭を現場まで連れて行ってそこで首を切ったという。またこの雨乞で降り出した雨が七日間も続く大雨となり、流れて来た牛の首を山中に埋めたらやっと止んだという話もある（昭和四十八年調査）〉

川面の雨乞いでは、馬淵または馬滝に牛の首を捧げていた。もし初めから一貫してそうであったら、牛淵とか牛滝の名が付いていたはずである。ここでの贄《にえ》には、もともとは馬が用いられていたのであろう。雨乞いの最も重い儀礼では、牛を供することも、馬を用いる場合もあった。

昭和十四年の川面の雨乞いは、おそらく日本で最も遅く行われた殺牛・殺馬祭祀であったと思われる。しかし、その式次第は具体的なことがあまり明らかではない。これより何十年か時代がさかのぼるが、もっと細部が詳しくわかる例があるので、次にそれを紹介したい。

3　被差別民が白馬の首を切り落とす

武庫川は下流域では、兵庫県の南東端を流れる都会の中の川である。河口から一五キロばかりさかのぼった先の惣川との合流点あたりでも、両岸に高層ビルが並んでいるが、その数キロ上流、中国自動車道の下を過ぎると、急に様相が変化する。大小の白っぽい岩石が累々と重なり、それをはさんで急傾斜の山腹が迫っている。川の東側は宝塚市、西側は西宮市である。川べりに人家は全くない。

高速道路の真下から上流へ一キロほどの右岸（西岸）に、大岩つづきの一帯でもひときわ目立つ巨岩がある。それは大きいだけでなく、形が変わっている。いびつな豆腐のように、直方体に近いのである。この岩が「高座岩《こうざいわ》」と呼ばれるのは、その風変わりな形のゆえに違いない。ちなみに「高座」は元来は、貴人が謁見の際などに座る御座所を指していた。のち

兵庫県・武庫川上流の高座岩。かつて殺馬儀礼の祭場であった。

には寄席で芸人が座る一段高い席をも意味することになる。要するに、机型の座席のことである。

高座岩の大きさについて、明治初めの地誌には「高さ四間、面積十六坪」と見えている。四間は約七・三メートルである。面積は上面の広さとしたものであろう。

高座岩は、この付近ではよく知られた殺馬儀礼の祭場であった。ここで明治十六年（一八八三）に行われた雨乞い祈禱のことは、いくつかの資料によってかなり詳しくわかる。殺牛・殺馬祭祀の実際が、これほど具体的に記録された例は、ほかにはないかもしれない。『伊丹市史』第六巻（一九七〇年）、『伊丹被差別部落のあゆみ』（一九八一年）、前記の『雨乞習俗の研究』、さらにインターネット公開されている江頭務「高座岩の雨乞い」などを参考にして、右の儀式の概要を以下に記しておきたい。なお、江頭論文にはすぐ目を通すことが難しい文献も少なからず引用されており、それらに関しては孫引きをさせていただいた。

明治十六年の高座岩での殺馬祈禱が、何月何日に執行されたのか正確にはわからない。しかし八月であったことは、ほぼ確実である。とにかく何十日にもわたって日照りがつづき、現在の伊丹市昆陽《こや》周辺の一二ヵ村が高座岩での儀礼を計画する。それらの村々は、八世紀に築造された灌漑用の溜め池「昆陽池」の南方に位置し、高座岩からは一〇キロ前後も南東へ離れていた。それなのに、わざわざ高座岩を選んだのは、この種の儀式は昔から高座岩で行うものと、一帯の住民のあいだで広く周知されていたためであろう。

この雨乞いの祈願主体は、「昆陽井組《こやゆぐみ》」という水利組合に属する地域を中心とする一二の村であった。つまり、そこが費用を負担したことになる。しかし、一連の祭祀を主導したのは、その中では最も石高の少ない堀池村であった。すなわち、同村の者が雨乞い行列の先頭に立ち、次が石高最多の昆陽村、あとは上《かみ》（北方）の村から順次、下の村がつづいたのである。

堀池村は江戸期のいわゆる穢多村（この地方では、かわた村と呼ばれることが多かった）だが、ほかの村々から主宰を依頼されたのである。

堀池村では、村内の博労《ばくろう》（牛馬商）を通じて伊勢国（三重県）から白馬を買い求めてくる。初めは「殺すのがかわいそう」で、血を少しとって高座岩に塗りつけてみた。ところが、わずかに時雨《しぐれ》をみただけだったので、いよいよ旧慣にしたがい白馬の首を岩の下の淵へ捧げることにする。

ただし、このときは伝えどおりの方法はとっていない。昔は生きた馬を高座岩の近くまで連れていき、そこで首を切ったといわれていたのに、現在の豊中市にあった屠場で首を切り落として、血は一滴残さず桶に移し取り、首は挟《はさ》み箱（担ぎ棒の付いた箱）へ入れて、いったん地元へ持ち帰っている。そうして、昆陽村の高野山真言宗昆陽寺（こんようじ・こやでら）で読経がつづけられる中、雨乞いの行列が組まれたのである。

先頭に立ったのは、掛越由松《かけごしよしまつ》であった。掛越家は、もと庄屋の家筋で村有数の豪農だった。由松は、その掛越家の二男で、当時は未成年であった。由松は純白の裃《かみしも》という死装束で馬に乗り、懐には雨乞いの巻物を入れていた。そのまわりを、藍染めの浴衣を着た村の若中《わかなか》（青年団）が竹槍を持って護衛する。その後ろには、馬の血と首を入れた桶や箱をかついだ、やはり若中がつく。ただし、由松が持つ巻物は実は偽物で、本物は商人の姿に変装した屈強の若者二人が先に持って出ていた。これらの先頭集団を形成していたのは、みな堀池村の被差別民たちで、他村の者は、このあとを長い行列をなして進んでいくのである。

途中、昆陽池に立ち寄り、池を左まわりに一周する。それから武庫川をさかのぼり、高座岩に着くと、まず白馬の首を岩の上に置く。つづいて由松が巻物（「大雲輪請雨経《だいうんりんせいうきょう》」という経典を省略して書写したもの）を読み上げ、終わったところで岩の下の淵へ首を落とす。次に若中の者たちが、桶の血を岩一面に塗りつける。儀式が終わると、一行は「後ろを見ずに」、もと来た道を引き返していく。

帰途も昆陽池に寄り、今度は右まわりで池を回る。このころから風が吹きだし、やがて激しい雨になったという。何でも浴衣の藍色が落ちるほどで、堀池村へ着いたときには晒《さら》しのようになっていたと伝えられている。雨乞いは完全に成功したのである。

この儀式における掛越由松の姿ほど、イチ（神と人とをつなぐ人、すなわち呪的能力者）の名にふさわしい例はめったにあるまい。そうして、由松はエタと呼ばれる被差別民の一人だったのである。ここではイチとエタとの語が、ぴったり重なり合っているといえる。エタが右と同じ役割を果たした雨乞いは、ほかの地方でも知られているが、それを取上げる前に高座岩での祈りについて、もう少し細かく述べておきたい。

4　古俗を残す式次第

高座岩での殺馬祭りが、いつごろ始まったのかはっきりしない。前記の江頭務によると、高座岩そのものの文献上の初見は、安永四年（一七七五）刊行の『塩渓風土略記』であり、そこには雨乞いに関する記述は見えないという。ところが、ここから二キロばかり上流の溝《みぞ》滝《たき》で行われていた、滝に汚物を投げ込んで雨を乞う儀礼のことは同書に載っている。溝滝は上下二つからなる、いずれも三―四メートルの滝というより落ち込みにすぎないが、武庫川の一帯では高座岩と並ぶ雨乞いの場であった。しかし、それは後年のことであって、前掲書の記載が信頼できるものであれば、高座岩での雨乞い祈禱は、わりに新しく始まったのかもしれない。

だが、そうであっても、ここの祈禱には、おそらく古代にさかのぼる祭祀習俗の残存を認めることができる。

その一つは、祭場へ向かう途中、昆陽池を左まわりに回ったことである。これは必ずそうしなければならないと、祭りに加わった者の、少なくとも一部が知っていたことを示している。左まわりは、葬送の折りの慣行である。例えば、京都府の最北部、丹後半島東岸の漁村、伊根（与謝郡伊根町）では現在でも出棺の際には家の前で参列者全員が棺といっしょに左まわりに三回まわって、それから野辺の送りへ出ていくことになっている。昆陽池での左まわりは、掛越由松が死装束であったことと対応していたと思われる。

帰途が右まわりであったのは、死をかけた祈禱が終わり、平常にもどるという意味をもつのではないか。ちなみに、掛越家に保存されていた（いまも保存されている）巻物を高座岩で読み上げた者は死ぬとの言い伝えがあったといい、その役を二男がになったのは家系を本来のまま存続させるためではなかったかという指摘もある。

もう一つは、本物の巻物を若中のうちの二人が持ってひと足先に出発した点である。これも一般に「二人使い」と呼ばれる葬送習俗と通底している。三つ目は、祈りが終わったあと一行が「後ろを見ずに」もと来た道を引き返したことである。この二つについては、愛知県津島市・津島神社の津島祭りを例にとって述べることにしたい。

津島祭りは中世にはすでに名高い祭礼であり、いまも東海地方屈指の盛大さで知られている。その旧暦六月十四日（宵祭り）と十五日（朝祭り）の二日にわたる大祭（現在では七月の第四土曜と翌日の日曜）がすっかり終わったあとの十六日午前一時ごろから、古来の秘事とされる「御葭《みよし》流し」の神事が行われていた。

これは櫓舟二艘に、祭神牛頭《ごず》天王の神体とされるヨシ（イネ科の多年草でアシとも呼ぶ）の束を積み込んで天王川を下っていき、所定の場所に着くと舟を横に並べる。そうして並べた舟の舳先《へさき》に竹を渡して、その上に御葭の束を積上げる。祈禱のあと舟を左右に漕ぎ分けて、あいだの御葭を水中に落下させると、一同は後ろを振り返らず漕ぎ帰ってくるのである。この儀式は、水葬から発したことが確実だとされている。

前記の京都府伊根町では昭和十七年（一九四二）まで、地先に浮かぶ青島が火葬の場であり、また墓地でもあった。そこへ遺体を運んでいくのに、舟二艘をロープできっちりつないだ上に乗せることになっていた。一艘でも棺は運べたのに、わざわざそうしていたのである。

右の二例で舟が二艘でなければならない理由は、だれにもわからない。ただ、はるか昔から、そうすることになっていたのである。葬式の折りの二人使いは、ふつうは訃報に赴く者は必ず二人で行くことを指している。これは全国的に広く見られた習俗だが、その由来は結局のところ先の舟二艘と同根であろう。

5　和歌山県・牛屋谷での雨乞い

紀伊半島の富田川《とんだ》は、和歌山・奈良県境に連なる果無山脈《はてなし》に発して南西方向へ流れ、白浜温泉で知られる和歌山県西牟婁郡白浜町で太平洋に注いでいる。第六章3節で紹介した熊野参詣路沿いの聖地、九十九王子の一つ市ノ瀬王子は、この川の河口から一〇キロ余りさかのぼった同郡上富田町市ノ瀬に所在する。

その富田川の下流で、左岸つまり東側から流入する庄川《しやがわ》という小さな川がある。全長で六キロほどであろう。白浜町庄川は流域一帯の地名でもある。

合流点から五キロばかりの山中に牛屋谷の小地名があり、国土地理院の地形図にも載っている。ただし、周辺に人家は全くなく、車が通れる道は付いているが、しばしば豪雨で荒れており、いつでも車で行けるとはかぎらない。

平成二十四年六月十三日、わたしは軽自動車で庄川沿いを牛屋谷へ向かって走っていた。牛屋谷は、かつては牛鬼谷《うしおに》とも呼ばれており、この地方における代表的な雨乞いの場であった。「牛鬼」は、そのような聖地にときどきみられる名である。牛屋谷では大正時代まで雨乞いの際、牛の首を切って淵の上の小平坦地に置き降雨を祈る儀式が行われていた。それについて、平凡社の『和歌山県の地名』には次のように記されている。

「庄川の上流牛屋谷の小滝に牛頭天王の小祠があり、旱魃のとき雨乞をしても降らない場合は、この滝壺の棚岩へ牛の生首を供えると必ず雨が降るという伝承がある。嘉永五年（一八五二）の旱魃にこれを行い、二日後に少々雷雨があった（御用留）。また大正二年（一九一三）の旱魃にもこの行事を行って二ヵ月ぶりに慈雨を得たという」

わたしは、その牛屋谷を見たいと思ったのである。

この年の南紀地方は、春から夏の初めにかけ日照りつづきで、庄川のあたりは田も畑も乾ききっていた。庄川自体にも水はほとんどなく、いたるところで川底が白っぽい石の原になっていた。ところが、牛屋谷の付近ではコバルト・グリーンといった感じの緑色の水が清冽なよどみをつくっていた。この水の豊かさが、牛屋谷が雨乞いの場にえらばれていた理由に違いない。

和歌山県白浜町庄川の牛屋谷。手前は牛頭天王の祠である。

牛頭天王の祠がある棚岩は、その形状から考えて自然にできたものではなく、なにがしか人の手が加わっているようである。おそらく、淵の上をならして、儀式の執行に適するように整えたのではないか。雨乞いにはどうしても、そのような空間が必要だったのであろう。牛屋の名も、ここか近くに設けられていた何らかの建物、例えばお籠り堂のようなものによっているかもしれない。

ここで最後に牛の首が捧げられたのは、大正二年（一九一三）八月十二日であった。そのときの様子を記した文献がいくつか残っているが、細部では微妙に違った点もある。柳田國男らが主宰していた雑誌『郷土研究』一巻七号（一九一三）所収の吉田美穂「熊野雨乞行事」には次のように見えている。

〈紀州西牟婁郡北富田村大字庄川の山奥に牛屋谷（一名牛鬼谷）と云ふ淵がある。滝と名のつく程大きくはないが、深さは三丈（九メートルほど＝引用者）余もある。（中略）昔から旱魃の時には、村人がこゝに集つて雨を祈る風習がある。あらゆる手段を施しても雨の降らぬ時には、牛の首をきつて、この滝壺のたなに置いて、藤葛《ふじかずら》で堅く結んで、後をも見ずに帰つて来るのである。その時は如何《いか》なる旱天でもたちまち雨が降るとの事で、その汚《けがれ》を洗ひ流すまで降るのである。

この行事を里人は牛の首をつけると云ふ。七十歳位の古老にきくに、おぼえてから三回位はつけた。（後略）〉

注意しておきたいのは、ここでも儀式がすむと「後をも見ずに帰つて来る」ことである。

牛屋谷の雨乞いについては、博覧強記の民俗学者・粘菌学者、南方熊楠《みなかたくまぐす》が柳田國男に宛てた書簡の中にも出てくる。次は『南方熊楠全集』第八巻（一九七二年、平凡社）からの引用である。

〈明治四十四年（一九一一年＝引用者）十月十五日夜より十六日夜に至り書き終わる。

（中略）

昨夜、例の広畑岩吉という二足生えたエンサイクロペジアを訪いしに、いわく、当郡富田村庄川に瀑布あり、小さけれどもはなはだ凄き所なり。図のごとく懸崖の下に棚あり、その前にさまで大ならぬ淵あり。旱するとき近村のもの牛の首きり、えた一人に米一俵遣わし、この淵を游《およ》ぎ渡り、かの棚岩の上へ牛首を捧げ置き帰る。しかるとき大雨ふる。ある年あまり大雨はなはだしく、反って百姓大迷惑せしゆえ今はこのこと止みぬ。また、ほんとの牛ではなく牛頭を張子にて拵《こしら》えもち行くことあり。岩吉氏、一年えたこの式に使われし当日そのえたにあい聞きしに、わずかな淵なれど牛首を持ち行くうち、たちまち渦まき出し、なかなか米十俵二十俵くれたりとて二度と行く所にあらずといいし由《よし》。えたはいったいこんなことを金銭とありさえすれば何とも思わぬいわゆるえた根性の者なるに、かくのごとく言えるを見れば、はなはだ危険なることと思わる、云云。（以下、略）〉

別の資料によれば、右の「えた」は同じ白浜町内の被差別部落の住民であった。牛屋谷での殺牛祭祀も、やはり江戸期の穢多村が中心的役割をになっていたのである。それは決して、南方が言うように金銭欲しさの行為ではない。もっと根源的な理由にもとづいていたことは、後述のとおりである。

6　雨乞い祭りと被差別民

大阪府の北部、箕面《みのお》市の箕面滝は周知のような観光地である。落差三三メートル、箕面大滝の名で呼ばれるこの滝は、きわめて古い時代から雨乞いの場であった。しかし、いま取上げようとしているのは、ここから北北東へ三〇〇メートルほど、同じ箕面川にかかる雄滝《おだき》の方である。こちらは落差わずか三メートル前後にすぎないのに、なぜか雄滝と称され、これに対して大滝が雌滝《めだき》だとされている。

雄滝も、いつのころからか雨乞いの場であり、ここで嘉永六年（一八五三）の夏に行われた殺馬祭祀については、やや詳しい記録が残っている。次は『改訂箕面市史　部落史　本文編』（一九九九年）からの引用である。

〈雨乞い（七月）九日結願《けちがん》につき、参会いたし候ところ、萱野《かやの》郷の者より内々、この節幸

京都府亀岡市ひえ田野町の不動滝。下段の方である。

い近辺に葦毛《あしげ》馬《うま》見当りこれある由、内談これあるにつき、早速急談いたし、萱野郷惣代芝村庄屋十助方にて穢多北村庄七と申すものに、当郷引き合い人平尾仲右衛門・義右衛門をもって、先方十一ヶ村と当郷と入用銀二つ割りにて引き合い詰め、翌十日右穢多しろもの買い求めに行き候こと、同晩両郷村々より人足一人ずつ差し出し、北村より初夜のころ、右の馬箕面山え曳き登り、上番家の向かい高き岡にて首を刎ね、胴体は、かやの郷山谷へけ落とし隠し置き、それより首を雄滝えつけ候こと。当郷村々より人足、平尾は市右衛門、西小路は武兵衛、牧落は加四平、桜は九平。右の馬代金六両二分、仕事雇い者賃金二両、ほかに諸入用銭三貫七百文、右両郷二つ割り。右の通かくまでいたし候えども、なんの感応少しもこれなく、翌十一日ただ少し曇る。ちょっと時雨《しぐれ》これあるか〉（「嘉永六年大旱魃記録」より）

これは、滝のある箕面山南麓の牧之荘（現箕面市牧落《まきおち》の周辺）四ヵ村と、その東隣の萱野郷（同市萱野の周辺）一一ヵ村が、費用折半のうえで主催した殺馬祭りについて、牧之荘側の代表者が残した記録である。なお、冒頭の「結願」とは、京都・東寺《とうじ》（真言宗）へ参詣して火をもらい、各村の氏神で（おそらく火焚きの）祈願をしたが、それが効き目のないまま終わったことを指している。

贄《にえ》に用いたのは葦毛（白に黒や濃褐色が混じった毛色）の馬であった。それが近辺にいることがわかって北村の庄七という者に買いに行かせている。北村は芝村内の北部に位置する穢多村だったが、いわゆる枝村で芝本村《ほんそん》に従属しており、庄屋や村方三役は出せなかった。旧穢多村のほとんどは、これであった。

それはともかく、七月十日の初夜（午後七―九時）ごろ、雨乞いの一行は北村を出発している。この事実から、ここでも祈禱の中心にいたのは北村の被差別民たちであったと思われる。

大阪・箕面滝から北北東へ一八キロほど、京都府亀岡市ひえ田野町佐伯でも滝つぼに白馬の首を投げ入れる雨乞いが行われていた。『新修亀岡市史』資料編第四巻（一九九五年）引用の『丹波志桑田記』（一八二八年）に次のように見えている。

〈不動滝　上佐伯村ヨリ坤《ひつじさる》ノ山奥ニアリ。滝谷ト云所ナリ。其《その》傍ニ石仏ノ不動アリ。旱魃ノ時、佐伯村ノ穢多、此《この》滝ツボへ白馬ノ首ヲ投入テ雨ヲ祈レバ、必ズ霊験アリト云。世俗、是ヲ滝谷ノ雨乞ト云《いえ》リ。又是滝ヲ神蔵寺ノ滝トモ云〉

右の亀岡市ひえ田野町は京都駅の西二〇キロ前後の中山間地《ちゆう》で、神蔵寺は町の西方山腹に現存する天台宗の古刹である。かつての雨乞いは、この神蔵寺を発して南西側の山を越えて行ったようだが、いまその道をたどるのは簡単ではない。もはや人が通ることは、ほとんどなく荒れているからである。

不動滝へ行くには、ずっと南の犬養川沿いに大きく迂回した方が早い。滝は直線距離で神蔵寺から南西へ二キロばかり、犬養川の支流（名称不明、滝谷か）にかかっている。上下二段からなっていて、それぞれ七―八メートルくらいであろう。滝つぼは下段の滝がうがったものだが、とくに大きくも深くもない。ただし、周囲は険しい崖になっており、修験の行場のような雰囲気がある。

ここでも雨乞い儀式の最も重要な部分をになっていたのは、村内の穢多村の住民であった。

7　なぜエタが儀式を主宰したか

雨乞いで、牛馬を贄に捧げる祈りが記録された文献は、ごく少ない。したがって、だれが、どんな風に執行していたのか、具体的なことはほとんどわからない。これは、その種の儀礼が早く廃絶されたということもあるだろう。民間の土俗だとして、文字文化を独占する傾向が強かった近世以前の政治権力が無視していた影響もあるかもしれない。さらに、もともと秘儀に属することだと考えられており、かかわった人びとが口外をはばかった可能性もある。また、その子孫たちが陰惨な習俗だとみなし、あえて後世に伝えることを嫌った場合もあったのではないか。

そんな状況の中で、殺牛・殺馬祭祀を主宰したのが旧穢多村の住民であったことを明示した例が、上述の四ヵ所である。まとめると、

- 兵庫県宝塚市・西宮市境の武庫川の高座岩
- 和歌山県西牟婁郡白浜町庄川の牛屋谷
- 大阪府箕面市箕面の雄滝
- 京都府亀岡市ひえ田野町佐伯の不動滝

である。

この数は決して少ないとはいえない。殺牛・殺馬儀礼は、いまのところ全部で一〇例余りしか知られていないようであり、式次第はほとんどわからない。たとえ、エタが祭りを主導していたとしても、それを記した資料が残っていないだけかもしれないからである。つまり、右の四ヵ所でエタが祈りの中心にいたことには、それなりの理由があったと考えてもこじつけということにはなるまい。

それでは、その理由とは何だろうか。まず、だれでも思い浮かべるのは、彼らが牛馬の扱いに慣れており、その解体処理を通じて、ほかの者たちにはない知識・技術を身に付けてい

たからではないかということである。おそらく、それも理由の一つであったろう。しかし、もっと根源的な原因があったことも間違いないと思われる。

あらゆる殺牛・殺馬祭祀のうちで、そのいきさつが最も詳しく記録されているのは、明治十六年（一八八三）に武庫川の高座岩で行われた雨乞いのようである。既述のように、その儀式で先頭に立ったのは、参加した村々のうちでは石高最小の堀池村であった。同村は江戸期の穢多村であり、この当時にはまだ旧幕時代と何ら変わらないきびしい差別の対象になっていたろう。

その堀池村が雨乞いでは、一貫して主宰者の立場にいた。おそらく数百人か、それ以上が加わったに違いない祈りの行列の最先端を進んだのは、村の豪農である掛越家の二男、由松であった。由松は純白の裃《かみしも》という死装束で馬にまたがっていた。懐には雨乞いの巻物が入っている。単に牛馬を処理する知識・技術を求めてのことなら、ここまでの役割を与える必要はなかったはずである。

由松のまわりは、藍染めの浴衣を着た同村の若中（青年団）が竹槍で護衛していた。その後ろには、馬の血と首を入れた桶や箱をかついだ若中がつく。しかも、由松が持つ巻物は実は偽物で、本物は商人の姿に変装した屈強の若者二人がひと足先に持って出ている。これも堀池村の被差別民の役であった。他村の者たちは、この一団のあとにつづいて長い行列を組んだのだった。

どこから見ても、この儀式の成否が堀池村の人びとにかかっていることは明らかだった。それは牛馬の処理技術うんぬんでは説明がつかない役割だといえる。もし、彼らが雨乞いに参加する主たる理由がそこにあったとしたら、せいぜい馬の血と首を入れた桶と箱をかつがせるくらいで足りたはずである。

実は後述のように、牛馬の殺害とは何のかかわりもない祭礼においても、エタが中心的な、あるいはきわめて重要な役をつとめる場合は決して少なくない。その根源的な役割は、神幸の先頭に立って悪霊を祓うことにある。すなわち、彼らにはそのような特別な力、換言すれば呪的能力があると信じられていたことになる。

高座岩の雨乞いでの掛越由松の姿ほど、それにぴったり当てはまる例はめったにあるまい。このような人物を日本語で「イチ」と呼んでいたのである。

第九章　古代から中世にかけて大きく変化した

1　五色の賤

大宝元年（七〇一）、刑部《おさかべ》親王や藤原不比等らによって編纂された法令集「大宝律令《たいほうりつりょう》」には、賤民についての規定が含まれていた。これは明文化された、わが国で最初の賤民制度になる。

そこでは官戸《かんこ》・家人《けにん》・公奴婢《くぬひ》・私奴婢《しぬひ》・陵戸《りょうこ》の五つの集団が賤民とされていた。これを「五賤」とか「五色の賤《ごしきのせん》」と呼んでいる。

大宝令（律令のうち行政法に相当する規定）によると、良民と賤民との通婚は許されていなかった。「同色婚」といって、結婚は原則として同じ階級の賤民のあいだに限られていたのである。大宝令中の「戸令」などを見ると、その軽重は陵戸を別にして右に記した順になっていた。すなわち、官戸が最も軽く、私奴婢が最も重いとされていた。この場合、軽い方が身分的には上位にあった。陵戸については、はっきりしない。しかし後述のように、ある意味では私奴婢より重かったと考えることもできる。

官戸・家人・公奴婢・私奴婢は、ひとことでいえば奴隷である。その人身は主人に隷属しており、自由に売買された。八世紀ごろ、その値段は一人当たり、牛や馬一頭にほぼ等しかったとした資料もある。

彼らの地位をもう少し詳しく述べると、官戸は官衙《かんが》に使役された奴隷であり、家人は私人に所有された奴隷である。公奴婢は官衙に属しても官戸のように一戸をなすことができなかった。私奴婢は前代の「奴（やっこ）」の後身になる。公奴婢と私奴婢は、官戸・家人より一段低い身分だとされていた。ただ、この四集団に本質的な違いはなかったといえる。それをあえて四等に分かち、陵戸と合わせて五色としたのは中国の陰陽五行の思想から影響を受けた可能性が高い。

律令には、いたるところに中国・唐の制度の反映がみられ、例えば刑罰は死・流《る》（流罪）・徒《ず》（懲役）・杖《じょう》・笞《ち》の五段階があったが、杖も笞も鞭《むち》打ちの刑で、ただ回数が違っているだけであった。そうして、笞は一〇、二〇、三〇、四〇、五〇回の五等に、杖は六〇、七〇、八〇、九〇、一〇〇回の五等に分かたれていた。要するに、全体が五になるように多少の作為をこらしていたのである。

五色の賤も、おそらく同じことで、その五つの集団は結局、奴《やっこ》（奴隷）と陵戸の二つに大別できる。前者の身分に編入されたのは、朝廷や国家への反逆者、戦いに敗れた捕虜、犯罪者、借金の返済ができなくなった者などや、その子孫であったと考えられる。彼らについては、呪的能力とか穢れとかは関係がなかったろう。

江戸時代とくに中期以降のエタは「穢多素性のもの」と称され、たとえどんなに経済力をつけても、その身分から脱することはできなかった。しかし、律令制下の公奴婢は六六歳になると官戸になれ、七六歳で解放されて良民になりえた。血筋の穢れといったこととは無縁だったといえる。

また、異色間の結婚で生まれた子は、その親が事情を知らなかった場合、より軽い(身分が高い)方につける慣例であった。ところが、陵戸だけは事情のいかんにかかわらず、子はみな陵戸とする定めであった。陵戸とほかの賤民との軽重に直接触れた条文はないのに、陵戸が「最も重い」と考えることもできる理由は、これによる。

陵戸は、その呼称からも、他の四集団とは違っていた。「陵(りょう・みささぎ)」とは、現行の皇室典範では天皇・皇后・皇太后・太皇太后の墓所を指すが、古代の陵戸はもっと広い範囲の皇族たちの墓(大宝令のころまでは古墳と考えてよいだろう)も維持・管理していたようである。とにかく、貴人の墓所で働いていたのに、賤民とされていた。しかも、その由来は奴隷とは別であった。

大宝令の賤民制度のもとで、職掌にもとづく賤民は陵戸だけであった。それは、なぜであろうか。考えられることは一つしかない。このころすでに、死を穢れとする思想が生まれて

愛知県犬山市青塚の青塚古墳。墳丘長123メートルの前方後円墳で、4世紀半ばの築造だと考えられている。

いたのである。死穢《しえ》に触れる存在であったから、差別の対象になったと思われる。ほかの四集団は、いわば置かれた境遇によって賤民の身分に落とされていたといえる。しかし、陵戸だけは、そうではなかった。陵戸は、のちの被差別民につながる、制度上では初めての賤民にほかならなかったことになる。

2　皮細工職への差別は強くはなかった

律令制下においては、良民と賤民とのあいだに二つの中間階級が存在した。品部（しなべ・ともべ）と雑戸（ざっこ）である。

前者は公民籍に属してはいたが、良民ではなかった。後者は、その公民籍にも含まれておらず、一段と低い雑戸籍に編入された身分であった。すなわち、身分上は良民・品部・雑戸・賤民の階級があったことになる。

品部の中にも雑戸の中にも、のちにエタと深くかかわるようになる牛馬の解体に従ったと思われる職能民の集団が含まれていた。品部の「革張《かわはり》」「泥障・障泥（あおり）」、雑戸の「鞍作《くらつくり》」「馬甘・馬飼（うまかい）」などである。

泥障は、馬の乗り手の足に泥がかかるのを防ぐ毛皮製の馬具で、一般には牛馬の皮から作っていたようである。すなわち、皮細工職人の一種であったろう。革張と鞍作にも同じことがいえる。馬飼は字義どおりには馬の飼育を職掌にしていたはずだが、この仕事には馬皮や馬肉の利用がともなっていたに違いない。古代には、わが国に肉食を忌む慣習はなく、一〇世紀前半成立の「延喜式」にも、天皇の膳部にイノシシやシカの肉を供した記録がある。肉食の忌避が言われだすのは、仏教の普及の結果であった。八世紀のころには、おおかたの日本人が牛馬の肉を平気で食っていたのではないか。

当時、皮細工の職能民に対する差別は始まっていたかもしれない。しかし、それはのちの時代のように特別なものではなかった。品部には「紙戸《かみこ》」「船戸《ふなべ》」「酒戸《さかへ》」などが、雑戸には「筥戸《はこべ》」などが含まれていたからである。つまり、その差別は職人一般への賤視と変わらなかった。既述のように、中世の職人尽し歌合せには、さまざまな職人が登場する。彼らは一様に、大なり小なり差別の対象であった。だが、その中でエタのようなきびしい賤視の対象になっていくのは、あくまで一部の職種の者に限られていたのである。

ちなみに、鷹狩りの職能民である鷹養戸・鷹戸（たかかいべ）は、主鷹司（しゅようし・たかつかさ）に所管される品部であった。賤民でなかったばかりか、雑戸でもなかった。前にもやや詳しく取上げたように、鎌倉時代から江戸時代くらいまでは、鷹戸の下で鷹の餌を準備する餌取（えとり）がエタの語源だとする説が最も有力であった。鷹戸と餌取は、古代でも同じではなかったかもしれない。しかし、餌取も主鷹司に属していたに違いなく、おそらく品部身分だったのではないか。少なくとも、陵戸のような賤民でなかったことは確実であろう。

一方、中世には穢多、河原者《かわらのもの》、坂ノ者、キヨメなどと並んで代表的な被差別民呼称の一つになる「非人」は、古代にはまだ賤民を指してはいなかった。この言葉の初出例は、『続《しょく》日本後記』承和九年（八四二）条だとされており、そこでは、空海、嵯峨天皇とともに「三筆」の一人と称された橘逸勢《たちばなのはやなり》（八四二年没）が謀反をくわだてて捕縛されたことが記されている。逸勢は本姓を除かれたうえ、「非人」の称をつけて伊豆国へ流罪となり、護送途中に病死した。

逸勢は、謀反の罪によって非人の身分に落とされたわけではない。当時、そのような集団が存在した事実は知られておらず、共謀者の伴健岑《とものこわみね》は同じ処分を受けていないからである。

さらに、京都・栂尾《とがのお》（現京都市右京区梅ケ畑栂尾町）高山寺の開基、明恵上人《みょうえしょうにん》（高弁、一一七三―一二三二年）が著書の最後に「非人高弁」と書いていたことも、その裏づけの一つになるだろう。歴史家の喜田貞吉は「賤民概説」の中で、このころの非人は戸籍を失ったり、脱したりした者のことだったと述べている。出家も一種の無籍者だというのである。

ただし、本書の冒頭に記したように、鎌倉時代の弘安年間（一二七八―八八年）ごろに成立した『塵袋《ちりぶくろ》』には、

「非人カタヒエタナド、人マジロヒモセヌ、オナジサマノモノナレバ、マギラカシテ非人ノ名ヲエタニツケタル也」

と見えている。

一三世紀後半には、非人の語が被差別民を指すようになっていたことは明らかである。その変化が、わずか半世紀余り前の明恵上人の時代からあとに起きたわけではあるまい。むしろ、明恵上人の語法が例外的だったと思われる。しかし、橘逸勢が捕縛された九世紀半ばごろには、被差別民を意味する非人という言葉がまだなかったことは間違いないのではないか。

3　古代の葬制と殯《もがり》

大宝律令が公布される一〇年前の六九一年、持統天皇は先皇の陵には五戸以上、王のうち功ある者には三戸の陵戸を置くことを命じている。おそらく、この前後の時代の陵戸は、この程度の割合で配置されていたのであろう。

陵戸は、しばしば不足したらしく、三年のちには一〇年の期限で、これに良民を当てることもあった。陵戸の職掌は、規定では山陵の守衛だとされており、具体的には陵墓の清掃・維持管理・盗掘防止などを重要な任務としていたろう。しかし、こういう仕事はいってみれば、だれにでもできる。良民から一時的に転用された者たち（一般に守戸《しゅこ》と呼んでいた）は、この種の業務に当たっていたのではないか。

本来の陵戸すなわち世襲の陵戸は、もっと専門技術を要する職務を担当していた可能性が高い。例えば殯（もがり）の進行役である。

古代の葬礼は、今日とは決定的に違っていた。とにかく期間が長く、天皇の場合には短くて数ヵ月、長いと数年に及んでいたほどである。葬とは遺体を白骨化させたうえで墓所に納めることであった。

絶息からそれまでのあいだをモガリといった。死後、遺体がすさまじい腐臭を発しつつ腐敗し、ウジが群がり集まって軟部組織を食いつくし、やがて白い骨になっていく過程を、残された人びとは、じっと見守っていた。それは、もし現代人が目にすれば、不可解で堪えがたいと感じる儀式だったに違いない。

もっとも、モガリは沖縄では近代になっても行われていた。いくつかの報告があるが、ここでは紙数の都合で一つだけ紹介しておきたい。次は「沖縄学の父」と称された伊波普猷《いはふゆう》が昭和二年（一九二七）、雑誌『民族』に発表した「南島古代の葬制」からの引用である。

〈二十余年前、沖縄島の中部の東海岸を少し沖に離れた津堅島《つけん》で暫らく教員をしてゐた知人が、彼が赴任する十数年前までは、同島で風葬が行はれてゐたといふことを私に話したことがあつた。其処《そこ》では人が死ぬと、莚《むしろ》で包んで、後生山《ごしょう》と称する藪の中に放つたが、その家族や親戚朋友たちが、屍《しかばね》が腐爛して臭気が出るまでは、毎日のやうに後生山を訪れて、死人の顔を覗《のぞ》いて帰るのであつた。死人がもし若い者である場合には、生前の遊び仲間の青年男女が、毎晩のやうに酒肴や楽器を携へて、之を訪づれ、一人々々死人の顔を覗いた後で、思ふ存分に踊り狂つて、その霊を慰めたものである。これは『書紀』の「天稚彦《あめわかひこ》が死《みまか》りし時、その親族等集ひて、喪葬の式を行ひ定め日八日夜八夜《ひやかよやよ》の間、遊びたりき」といふ記事を連想させるものである。私も数年前この小島に講演しに行つた序《つい》でに、所謂《いわゆる》後生山のあとを見たが、島の西北部の海岸に沿うた藪で、昼だに薄暗い所であつた。其処では風葬の関係上、古来犬を飼はないことになつてゐた〉（ルビは原著者、引用者両方のものがまじっている）

これで葬儀が終わっていれば、伊波の表現どおり「風葬」と呼べるだろう。しかし、遺体が白骨化したあと改めて遺骨を墓所に納めることにしていた。つまり、右の葬法は風葬ではない。一連の葬送の第一段階に当たるモガリである。なお、津堅島は沖縄市の南東一二キロ

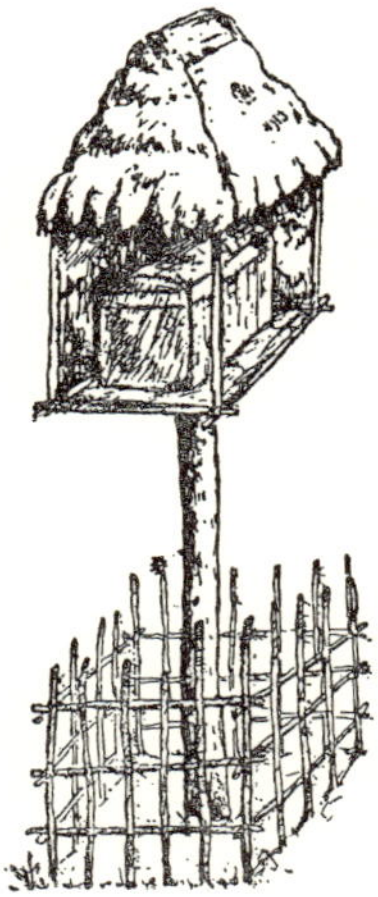

沖縄県名護市久志にあった喪屋（殯屋）。島袋源七が土地の古老の話をもとに描いた。

ほどに位置し、現行の住居表示ではうるま市勝連津堅になる。

大化二年（六四六）三月に発せられた、いわゆる大化の薄葬令には、

「庶民《おおみたから》亡《し》なむ時には、地《つち》に収め埋《うず》めよ。其の帷帳《かたびらかきしろ》の等《ごとき》には、麁布《あらきぬの》を用ゐるべし。一日も停《とど》むること莫《なか》れ。凡《おおよ》そ王より以下《しもつかた》、庶民に至るまでに、殯営《もがりやつく》ること得ざれ」

という規定が含まれていた。

王（皇族）から庶民に至るまで殯屋《もがりや》を造営してはならないとの命令は、そのような習俗が存在したことを裏づけている。庶民については、これ以後、一日も遺体をそのままにしておくことなく死んだらすぐ土葬せよと述べているが、それ以外の高位の者に対しては何日以内といった定めは見えない。殯屋を建てることは禁じても、モガリそのものには目をつぶるしかなかったのであろう。古来の信仰にもとづく風習を一片の法令で廃止させることなど、できるものではなかった。それは庶民の場合でも、たぶん大きくは変わらなかったのではないか。

沖縄では近代までモガリが行われていた。殯屋も使っており、現名護市久志《くし》の殯屋（喪屋）などは、沖縄生まれの民俗学者、島袋《しまぶくろ》源七が土地の古老からの聞取りをもとに描いたスケッチが前記「南島古代の葬制」に載っている。

4　陵戸は、なぜ賤視されたか

モガリとは前記のように、人が息絶えたあと、すぐには土に埋めたり、火葬したりせず、しばらくそのままにして白骨化させる儀式のことである。古代人はなぜ、そんなことをしていたのだろうか。

彼らは、死んだばかりの人間の魂は、まだそこら辺を漂っていて、この世でも、あの世でもない世界をさまよっていると信じていた。いつ生者に取りついて悪さをするか知れたものではないと考えていた。この状態の魂を「荒魂《あらみたま》」といった。それは、肉体が白骨化して初めて、神の世界である「常世《とこよ》」へ旅立つことができた。モガリは、すなわち「荒魂」を「和《にぎ》魂《みたま》」へ昇華させる宗教行為であった。

この習俗は、遠く縄文時代に始まっていた。沖縄では近代になっても行われていたが、すでに荒魂とか和魂とかいった思想自体は大半が失われていたろう。それは風習として、なぜそうするのかわからないまま、人びとのあいだに受けつがれてきたのではないか。前章で取上げた葬礼の際の「二人使い」も、そうしなければならない理由は、もはやだれにもわからないようなものである。

皇族のモガリは大化の改新（六四五年）以前には、主として「遊部《あそびべ》」によって供奉されていた。遊部は土師《はじ》氏に統括された部民《べみん》であった。土師氏は、その祖先の野見宿禰《のみのすくね》以来、埴輪の製作や天皇陵の造営、葬送儀礼に従事した氏族である。つまり、土師氏も、そのもとにいた遊部も、葬送にかかわる集団だったことになる。「あそび」という言葉に不審を抱かれる向きがあるかもしれないが、既述の沖縄・津堅島での葬儀で、

「死人がもし若い者である場合には、生前の遊び仲間の青年男女が、毎晩のやうに酒肴や楽器を携へて、之を訪づれ、一人々々死人の顔を覗いた後で、思ふ存分に踊り狂つて、その霊を慰めたものである」

とある行為と通底している。日本語の「あそぶ」「あそび」の語源は、右のような葬礼の際の慰霊に求められるようである。

大化の改新後、土師氏や遊部の職掌の一部は、陵戸に受けつがれたと思われる。そうして、陵戸は賤民に位置づけられたのである。前代の部民も、その身分はいたって低かったが、改新のあとはほとんどが品部や雑戸に再編されている。ひとり陵戸だけが賤民の地位に落とされたのである。その理由は何だろうか。

例えばモガリは、生者に祟る荒魂を、祖先神といえる和魂に昇華させる儀式である。典型的な呪的行為であったといえる。それゆえに、その儀式をつかさどる者が賤視の対象になった

のである。おそらく、これが最初期の呪的能力者差別ではなかったか。

葬にかかわる者への賤視は、やがて有力氏族の一つだった土師氏へも及んでいく。土師氏は渡来系であった。そのことと差別とは全く関係がない。貴族に列せられた渡来系はいくらでもいた。桓武天皇（七三七―八〇六年）の母、高野新笠《たかののにいがさ》（七二〇?―七九〇年）は渡来系の和乙継《やまとのおとつぐ》と土師真妹《はじのまいも》とのあいだに生まれている。両親とも渡来系であり、母は土師氏の出であった。その子が天皇の位に就いているのだから、土師氏に対する差別が仮に多少なりとも始まっていたとしても、そう目立ったものではなかったろう。

しかしこのあと、それはだんだん、あるいは急に顕著になっていったらしい。奈良時代末、土師氏は三つの系統に枝分かれしていた。それが七八一年から七九一年にかけて菅原氏、秋篠氏、大枝《おおえ》氏（のちに大江氏）へ相次いで改姓するのである。その理由は、葬送儀礼が明白な凶礼とされるようになっており、それに携わってきた土師氏の姓を不本意としたからである。ちなみに、新笠の母を出した土師氏は大枝氏に改姓した。以後の大江氏は学問の家柄として知られ、平安時代屈指の学者の評価がある大江匡房《まさふさ》（一〇四一―一一一一年）などが出た。

周知のように、オンボウは葬送にかかわる者に対する蔑称である。この語は漢字では、僧侶を意味する「御坊」と書けるのではないかと思う。オンボウの職掌は、古代の陵戸や土師氏のそれに通じている。古代に始まった彼らへの差別が、形を変えつつ今日まで尾を引いているのである。

前にも触れたが、柳田國男の『葬送習俗語彙』（一九三七年、民間伝承の会）には、

「イタコウ　信州上伊那郡で、墓の穴掘りのこと」

と見えている。オンボウのことをイタコウと称する地方があったことになる。

この事実は、すこぶる興味ぶかい。まず、イタコウは東北地方の祈禱や口寄せを業とするイタコ、明治の初めに国家が、その業務を禁止したイチコ、中・近世の下級宗教者イタカと音が近い。さらに、サルを意味するエテコウとのあいだにも同じことがいえる。サルと猿まわしが、かつては廏《うまや》の祈禱を任としていたことは、第三章で記したとおりである。これらには、はっきりした共通点がみられる。みな零落したイチの姿を濃厚に残しているところである。

右のコ・コウは漢字で書けば「子」だと考えられ、要するに人の意にひとしい。コ・コウを取ったイタ・イチ・エテは、沖縄のユタや穢多のエタと音がよく似ている。このうち、現今の用法ではエテコウとエタは、ほかの言葉と別義のようになっているが、もとは同語であったと思われる。その理由については、これまでに多くの事例を挙げて述べてきた。

5　「青屋」差別の不思議

享保四年（一七一九）、江戸・浅草の穢多頭、弾左衛門が幕府に提出した「書上げ」に

「二十八座の下《さが》り職」が列記されていることは、すでに紹介したとおりである。ここで、もう一度繰り返しておくと、「長吏」「座頭」「舞々」「猿楽」「陰陽師」「壁塗」「土鍋」「鋳物師」「辻盲」「非人」「猿引」「鉢叩」「弦指《つるさし》」「石切」「土器師《はじし》」「放下」「笠縫」「渡守」「山守」「青屋坪立」「筆結」「墨師」「関守」「鉦打」「獅子舞」「箕作」「傀儡師《かいらいし》」「傾城屋《けいせいや》」である。

これらの大半について、精粗はあっても本書で取上げてきた。彼らが賤視の対象になった根源的理由が、わたしのいう呪的能力者差別に由来するとの卑見も、その都度、記しておいた。わたしは自説に固執するつもりはないが、例えば箕作り差別や渡し守差別は、穢れや、それを清めるキヨメとしての職掌に求める説では解釈が難しいように思う。

ただし、二十八座だけについてみても、呪的能力では説明しにくい職種はある。その代表が「青屋」である。弾左衛門の書上げでは「青屋坪立」で一つのように書かれているが、これはおそらく誤記または誤写で、本来は「青屋」「坪立」とすべきものであったろう。坪立は焼き物にかかわる人びとを指すのではないか。

青屋は、藍染めを業とする職業集団のことである。「紺屋《こうや》」「紺掻《こうかき》」ともいった。青屋について、『部落問題事典』（一九八六年、解放出版社）には次のような一節が見えている。

〈京都では早くからエタ仲間とされ、エタの頭や村年寄の指図を受けて、二条城掃除役や牢屋敷外番役をつとめた。彼らが賤視されたのは、紅染《べにぞめ》と違い藍染は、虫を殺して原料とするので、往生できぬと説く仏典のためといわれるが、やはり中世以来の染色業と鴨の河原の密接な関係が無視できない。(中略)京都を中心とする畿内の一部以外の地区では、必ずしも青屋は賤視されていなかった。たとえば甲斐国では青屋は卑職でないとされているし、藍作が藩によって奨励された阿波国でも紺屋は全く賤しまれていないのである〉(中沢巷一執筆)

青屋差別が京都と、その周辺の畿内の一部に限られていたとの指摘が事実であれば、染色業と鴨川の河原との密接な関係に由来するということはありえると思われる。既述のように、鴨川は古代には死体の捨て場であり、中世には皮のなめし場であった。そこは、いわば被差別民たちの占拠空間だったから、そこと深くかかわることは賤視の原因になったかもしれない。

しかし青屋差別は、やや古くまでは、もっと広い範囲にあったのではないか。例えば、高知県幡多《はた》郡である。同郡のある被差別部落には、かつて青屋姓が多かったが、彼らは建久年間(一一九〇—九九年)に紀州名草郡(現在の和歌山市のあたり)から移住してきた青屋与平、青屋三十郎兄弟の末だと言い伝えていた。同郡内の別の被差別部落の別姓の者も、やはり青屋与平の子孫だと称していた。

青屋与平が土佐へ移ってきてのちも、藍染めを業としていた確証はない。しかし、この青屋は家職を名乗りにした可能性が高く、紀州でも土佐でも彼らに対する賤視が存在したことを示しているのではないか。事実、渡辺広『未開放部落の史的研究』（一九六三年、吉川弘文館）が引用する仮称「牢番頭由緒書」なる資料によると、現和歌山市内のある被差別部落には、

「私共先祖御召出し、当七郡の青屋の頭を中付候間、御城内掃除並に牢屋を預り候」

という伝承があったとされている。この部落は江戸期の一村立ての穢多村（枝村ではなかったので、庄屋や村方三役を出せた）であったから、ここではエタ・青屋・城内掃除・牢番役が結びついていたことになる。

例数が少なすぎるため確かなことはいえないが、青屋差別は必ずしも地域をかぎったものではなかったのではないか。そうだとするなら、なぜ彼らが賤視されたかが問題になる。わたしには、これに答える用意がなく、また理由に触れた文献も目にしたことがない。おそらく、そこにはまだ知られていない事実が隠れているはずであり、その点は今後の課題としておきたい。

青屋差別のように、その由来が不明の例はあるにしても、中世以降の社会的差別は呪的能力によっておおかた説明できるというのが、わたしの立場である。それをもっとも直接的に裏づけているのが、祭礼においてエタをはじめとする被差別民が果たす先導の役割である。

彼らはしばしば、一般村落の氏神からは排斥されながら、大きな神社の祭りでは、それを主導してきた。ちょうど、既述の殺牛・殺馬祭祀の際、彼らがその中核にいたように、牛馬の贄《にえ》とは何のかかわりもない祭礼で、同じ役をになうことが珍しくなかったのである。次の章で、その辺を取上げて本書を終わることにしたい。

第一〇章　祭礼の先導役と被差別民

1　穢多村の住民が神輿をかつぐ

神輿（みこし・しんよ）は、いうまでもなく神の乗り物である。祭礼の際にかつがれる神輿には、目には見えない神が乗っているとされている。したがって、それをかつぐのは祭りを主導する者のはずである。

穢多村の氏神における祭りで、そこの住民が神輿をかつぐことに何の不思議もない。しかし、そうではない地域の祭りにあっても、わざわざ近くの穢多村から人が出ていって、その役割に当たる例が各地に珍しくない。しかも、そうした祭りはしばしば、近在きっての大神社の場合が少なくないのである。

次は『東京部落解放研究』82号（一九九三年、東京部落解放研究会）所収、川元祥一《よしかず》「再生の小宇宙」に紹介されている例である。

〈事実を見て居りながら理由の知られざる事二三あり、大胡《おおご》八坂神社の夏祭り旧六月二十八日なり。孫三郎先頭にて数人出張し、其日の事務ハ第一御神馬《ごじんめ》掛リ、第二ハ露店商人の配置　幷《ならびに》取締り等、次には新屋《あらや》より出張して御神輿の掛リ等、他の雑事は一切大胡町々役人其他青年ノ事務ナリ、此式ハ我等少年時代明治八九年頃迄行へ《（ママ）》たれ共、今明治維新ニ際し自然消滅し今は全然ない。是等の理由が判明しない〉

これは昭和初年に、現群馬県前橋市粕川町の被差別部落（以下、部落と略）の住民が書いた文章だという。なぜか、平仮名と片仮名とを混用している。孫三郎は代々、部落の小頭《こがしら》（一般村の庄屋、名主に当たる）を務めていた家の当主の名であった。

右に見える「大胡八坂神社」とは、前橋市河原浜町の大胡神社のことである。同社はスサノオ（漢字では、いろいろな書き方をする）を祭神の一つにしている。スサノオは牛頭《ごず》天王を本地《ほんじ》（もとの神）としており、その祭りは一般に祇園祭りと呼ばれる。神社も江戸時代までは祇園社とか天王社と称していたが、明治初めの神仏分離令によって八坂神社と改めた場合が多かった。それで大胡神社を先のように表記したのであろう。

大胡神社は、この近辺きっての大社で、夏祭り（現在は毎年七月の最終土曜と日曜の二日間）は「大胡祇園まつり」の名で広く知られている。明治八、九年まで、その日の神馬係りと露天商の差配を孫三郎らが担当していたというのである。この部落は同社から三キロばかりも離れている。それなのに、どういうわけか、広範な地域に氏子をもつ大社の祭礼で、中核的な役をになっていたのである。

先の手記によると、神輿の係りは「新屋」の者の担当とされている。ほかの雑事は大胡の町々の人びとの「事務」だったと書いているところを見ると、「新屋」とは同地に住む被差別民を指しているように思える。この新屋は近くの現前橋市粕川町新屋のことに違いあるまいが、そこに部落があったことは確認できない。粕川町に部落は二つしかないとされており、もう一つは孫三郎の部落から見て新屋よりかなり先に位置している。あるいは、そこを新屋と勘違いしたのだろうか。ただし、新屋にも小規模な部落があった可能性もある。

岡山県倉敷市林の熊野神社・三重の塔

とにかく、手記の主は大胡祇園まつりの際の神馬、神輿の係りは神社から数キロ離れた部落の住民の役だったとしているのである。次も「再生の小宇宙」からの引用である。

〈部落が祭礼の中心的役柄を担う事例としては、岡山県児島にある熊野神社がよい例である。ここでは毎年十月に祭礼が行なわれ「御神行」として神輿が六つの町村を回ってゆく。

この時の神輿の準備と担ぎ手、「御神行」の先導役のすべてが部落の人によって行なわれる。これは江戸時代からの慣例で

あり、しかも神社は部落だけのものではない〉

「岡山県児島にある熊野神社」とは、現倉敷市林の熊野神社のことだと思われる。「日本第一熊野神社」とも称されているように、ここも一帯で屈指の大社である。

川元によると、神輿を準備したり、かついだりするのは部落の六〇人ほどの男たちで、彼らは「まわりの者はチョコチョコっと雑用をするだけ」と話していたという。

この部落も神社からは一・五キロくらい離れており、そのあいだには一般の氏子の家がたくさん並んでいる。そうでありながら、神輿は部落民が実質的に管理しているのである。これは今日でも変わっていない。

2　京都・祇園祭と犬神人《いぬじにん》

柳田國男は大正八年（一九一九）に発表した「祭礼と世間」の中で、

「自分の知る限りにおいては、神輿を舁《か》くべき者には、二種の慣例がある。甲は神人と称する特殊の部曲《かきべ》のみからその役を勤めるもの、（中略）あるいは地方によっては常は火も取りやりせぬほどに懸隔した組の者に、この日に限って大事の神輿を任せた例もある」

と述べている。ちなみに、もう一つは「氏子の中から舁き手を出す」場合であり、「前者よりもはるかに多い」としている。

柳田は、被差別民が神輿をかつぐ祭礼に早い時期から気づいていたのである。ただし、このような指摘をするとき、しばしば豊富な事例を列挙するのが柳田の特徴なのに、ここでは京都府八幡市の石清水八幡宮と京都市東山区祇園町の八坂神社の二つしか例示していない。

右の二神社については、前記の川元論文も触れている。川元は平成五年八月二日付け『解放新聞』のコラム「荊冠旗《けいかんき》」の、

「これ（祇園八坂神社の山鉾巡行、後述＝引用者）は、以前深夜にみにいった、石清水八幡宮の祭礼で、神輿渡御の先頭を、被差別部落民が、浄めとして鉄棒をひきずって歩いたのと、まったく同じだった」

という一節を含んだ文章を紹介している。

その役を、「荊冠旗」の筆者が「以前深夜にみにいった」ときにも、なお部落の住民がつづけていたのか、すでに別の人びとが務めていたのか、はっきりしない。しかし、ある時代まで旧官幣大社・石清水八幡宮の祭りで部落民が神輿を先導していたことは確実であろう。柳田は、この点について「今はどうか知らぬが」と書いている。

京都・八坂神社の祇園祭は、右の類例として広く知られている。「再生の小宇宙」では、京都部落史研究所編『中世の民衆と芸能』（一九八六年、阿吽社《あうんしゃ》）から次の記述を引用している。

〈京都祇園会の神幸列にも、「犬神人」が鎧《よろい》姿で出た伝統があり、室町時代末期の屏風絵『京洛月次扇流《（ママ）》図』（普通は『京洛月次扇面流図《けいらくつきなみせんめんながしず》』という＝引用者）で確認出来る。（六人が鎧の上に柿色の衣を着て、白布で顔を包み、棒を持って先導する）。大正時代にも、鎧をつけたつるめその仮装の写真が確認できるが、その後、この風習は消滅した。現在つるめその仮装が残るのは気比神宮だけであろうか〉

第七章の冒頭に記したように、犬神人は京都・清水寺の参道に群居していた「坂ノ者」から発した被差別集団である。彼らは坂下ノ者・非人・犬神人・ツルメソなどとも呼ばれていた。生業の一つに沓《くつ》や弓弦の製造・販売があり、とくに弓弦の行商の際、

「弦《つる》、召《め》し候え」「弦、召せ」

と呼びかけたから、「つるめそ」とも称されたのである。

柿色の衣と白い覆面は、なぜか不明ながら、彼らの正装とされていた。その集団が武装して祇園祭の山鉾巡行を先導していたというのである。この役は現在では学生などのアルバイトがしている。しかし、わりと近いころまで犬神人の旧居住地の住民が、それに当たっていたらしい。川元は次のように述べている。

〈私は十年くらい前、中世の「清水坂非人」の住居跡をさがしていて、犬神人の集落に行

きついたことがある。そこで聞いた話であるが、祇園祭りに際してその村の人は前夜祭を行なうことになっている。前夜祭が行なわれて初めて祇園祭が可能になる。その時、その村の人は赤い鎧を着て行列を行なう。そして祇園祭が行なわれている間、赤い鎧を軒先に吊しておく〉

まことに興味ぶかい報告だが、そこがどこかわたしにはわからない。

京都市東山区弓矢町《ゆみや》は清水坂に接しており、その町の名から考えてツルメソの居住地に由来する命名であろう。しかし、ここは被差別部落ではないと思われる。京都市には現在、大・中規模の部落が少なくないのに、この周辺には部落と確認できるところは、ほかにもないようである。

江戸時代のエタなどの被差別民は、政治権力の都合で集落を強制的に移されることが珍しくなかった。犬神人の系譜につながる人びとも、そのような扱いを受けた可能性がある。あるいは、何らかの理由で「脱賤」を果たしていたかもしれない。先の「犬神人の集落」も、ある時代以後、被差別地域でなくなっていたことも考えられる。そうだとするなら、「赤い鎧を軒先に吊しておく」人たちは、すでに賤視とは無縁になっていたのではないか。

ただし、そこが現在では清水坂から離れた場所に位置する部落だったこともありえる。いずれであれ、祇園祭の神幸の先頭に被差別民が立っていた時代があったことは間違いない。

3　敦賀の気比神宮や鎌倉の鶴岡八幡宮でも

福井県敦賀市曙町の気比《けひ》神宮は、「北陸道総鎮守」とも称される大神社である。ここの九月三日の神幸祭でも、京都・八坂神社の祇園祭と同じように、いまも甲冑姿の犬神人が神輿を先導している。

敦賀でも、彼らはツルメソとも呼ばれており、これも京都の犬神人と同じことになる。両地は、さほど離れていない。敦賀の犬神人・ツルメソの名称は、その社会的地位・役割とともに京都から移植されたのではないか。

資料によると、古くは敦賀市北西部の名勝「気比の松原」に近い村の住民が、祭りの犬神人役を務めることになっていたという。彼らは合わせて神宮の掃除役を負担し、その代償として莚《むしろ》の専売権を認められていたようである。いずれも、被差別民に特有の役と権利であり、彼らが一定の賤視の対象になっていたことは間違いあるまい。

ところが、少なくとも現在、周辺に部落はないようであり、この点も清水坂と共通する。同市で唯一の部落は少し離れたところにあるが、そこと犬神人を出していた集落と系譜的なつながりがあるのかどうか、わたしにはわからない。近年の神幸祭では、一般の氏子が犬神人に仮装している。

神奈川県鎌倉市雪ノ下の鶴岡《つるがおか》八幡宮にも、かつて犬神人がいた。彼らも日ごろは神社の掃除、人間や動物の遺体の片づけ、警護などに当たっており、祭礼になると烏帽子をかぶって神幸の先立ちを務めていたことが知られている。それは江戸時代までつづいていたらしいが、いまは行われていない。

明治初年の神仏分離令まで、犬神人たちのあとに「非人面行列」と呼ばれる祭礼の先導集団が従っていた。これらの役は、八幡宮の掃除を担当する被差別民がになっていたとされている。明治になって犬神人の先立ちは廃止され、非人面行列は近くの同市坂ノ下の御霊《ごりょう》神社に舞台を移し、今日まで存続している。彼らが一帯を練り歩くのは、九月十八日の例祭のときである。第二次大戦後、「面掛行列《おもかけぎょうれつ》」と改称された。

現行の行列は一〇人からなり、それぞれが名前のとおり面をかぶっている。それは「鬼」「鼻長」「烏天狗」「おかめ」などである。以前は面ごとにかぶる家筋が決まっていたそうだが、いまは有志が務めている。その家筋は現在、鎌倉で確認されている、ごく小規模な二つの部落とは直接の関係はないようである。

ただし、既述の江戸・浅草の穢多頭、弾左衛門の由緒書には、八幡宮の神輿の先立ちは「長吏 仕《つかまつり》 候」と見え、彼らが弾左衛門と同職のエタであったと述べられている。この長吏は一六世紀の資料に書かれた「極楽寺長吏」や「極楽寺皮作」と同一だと思われ、そうだとするなら現存の二部落の一つが、かつては八幡宮の祭礼において先立ちを務めていたことはありえる。この部落は、極楽寺長吏の系譜を引くことがほぼ確実だと考えられているからでである。

なお、弾左衛門は自らの家系について摂州池田（現大阪府池田市）の出自で、いったん鎌倉に下って源頼朝に仕え、そのあと江戸時代初めに江戸へ移ったと由緒書に記している。鎌倉以前のことは裏づけを欠いているが、きわめて古い長吏の家柄であることは江戸幕府も認めていた。

鶴岡八幡宮は、一一世紀に源頼義が京都の石清水八幡宮から勧請《かんじょう》したものである。その石清水は九世紀、現大分県宇佐市の宇佐神宮（宇佐八幡宮）からの勧請であった。そこでもやはり、被差別民による祭礼の先導が行われていた。

『おおいた部落解放史』第Ⅱ号（一九八四年、大分県部落史研究会）所収の椛田《かばた》美純《よしずみ》「県北における被差別部落の形成」には、

「被差別部落の人々は放生会《ほうじょうえ》神事に、先ぶれや太鼓かつぎ、こしをかつぐ人等多数参加しますが、大鳥居より内には入れなかったようなのです」

と見えている。

放生会は宇佐宮最大の神事だが、その際、神社の北方五キロほどの海沿いに位置する部落の住民が、先ぶれにくわえ神輿もかついでいたというのである。それでいて、彼らは大鳥居から中には入れなかったらしい。そこからは呪的能力者の両義性がうかがわれる。

既述の渡辺広『未解放部落の史的研究』は、大正十三年（一九二四）に伝説研究会から出

版された藤本政治『播磨に於ける特殊部落成立の伝説』を引用して、

・現兵庫県加西市北条町北条の住吉神社（旧県社）

・現兵庫県神戸市北区淡河《おうご》町勝雄の淡河八幡神社

でも同じであったと述べている。

前者では「（地内の部落が）必ず御先供《ごせんく》の役を勤むること古来よりの例である」、後者では「本部落民は八幡神社の祭典には警護を選び槍持の役を為し、また正月十七日昆午祭（御弓のこと）とて弓引きの時、棒を以つて弓の先導をなし且つ警備をなすのが例である」という。大正時代ごろには、まだそのような役目をつづけていたのであろう。

大分県宇佐市・宇佐八幡宮の朱塗りの大鳥居。

さらに、

・京都市右京区嵯峨愛宕町の愛宕神社

・兵庫県姫路市総社本町の射《い》楯兵主《たてひょうず》神社（播磨国総社）

・和歌山県紀の川市中鞆渕《なかともぶち》の鞆渕（淵とも）八幡神社

などでも同様であったことが確実である。

以上は、わたしが気づいた例の一部で、ほかにも把握しきれないほどの報告があるに違いない。

4　どこに理由を求めるか

被差別民や被差別部落の住民が、しばしば大神社の祭礼で重要な役割をになっていた理由については、ほぼすべての報告者が穢れを清めるためだと説明している。神社は何よりも清浄を尊ぶ。その祭りで神輿の前を歩きながら、穢れを祓っていくというのである。

たしかに現実の祭礼では、神輿や神幸の「先導」「先立ち」「先ぶれ」を務めていたと表現する記録が多い。その姿は先導・先立ちにふさわしく、神の前に立ちふさがる邪霊を排除しようとしているように見える。彼らがもつ、その機能を呪的能力と呼ぶ研究者も少なくないようである。しかし、わたしが言っている呪的能力は、ちょっと違う。だが、それに言及する前に「穢れと清め」説について卑見を述べておきたい。

まず、祭礼における被差別民の役割は先立ちにかぎらない例があることが注意される。既述の岡山県倉敷市林の熊野神社では、御神行の先導のみならず神輿の準備と担ぎ手は、すべて近くの被差別部落の住民が行っている。「まわりの者はチョコチョコっと雑用をするだけ」なのである。同社は「日本第一熊野神社」とも称されているように、たくさんの氏子がいる。それなのに、その一部にすぎない部落民が祭りの中核を取り仕切っているのである。

群馬県前橋市の大胡神社でも、かつては似たような事情であったらしい。

第八章3節で取上げた兵庫県・武庫川の高座岩における雨乞いにいたっては、ほとんど部落民のみの祭祀だといっても過言ではあるまい。それは現兵庫県伊丹市昆陽《こや》周辺の一二ヵ村こぞっての祈願だったのに、実際に催行したのは地内の旧穢多村の人びとであった。もちろん他村からも数では圧倒的に多くの者が参加していたが、いわば応援役にすぎなかったといえる。

　これらは、あくまで例外だったのだろうか。あるいは、そうかもしれない。渡辺広は前掲書の中で、

「部落民の祭礼への参加は先払とか警固とかが主要な任務であって、祭礼の主役ではなかった。かような点から考えて部落民は祭礼においては、神社の隷属民として神役を負担したものと見て差支えないのではなかろうか」

　と述べている。これは資料のうえでは、そういう姿で現れる場合が目立つことを反映した指摘であろう。

　だが、これについては被差別民たちの元来の役割が後退した結果だと考えることもできる。とくに江戸時代の神道家は、穢多・非人などの被差別集団に対して激しい嫌悪の感情を抱いている者が少なくなかった。神社も氏子も当然、その影響を受けたはずである。被差別民たちの祭礼における役割は減じられることはあっても、重くなることはなかったに違いない。それでも、前記のように祭りの主宰者の地位を維持しつづけ、今日に及んでいる例にこそ大きな意味が隠されているのではないか。

奈良県宇陀市室生の室生龍穴。古代から著名な雨乞いの場であった。

卑見の呪的能力とは、神に訴え、神を動かす力を指している。神と、それを信じる者のために穢れを祓うことのみを意味していない。雨乞いなどは、その典型である。祭りは元来は、そのような人間が主宰したと考えられる。そうであるとすれば、彼らが主となって神輿をかついでも何の不思議もないことになる。先導役はむしろ、時代による変化の結果ではないか。

呪的能力者は、ずっと昔から両義的存在であった。神への祈りが通じたときには、まわりの者たちから破格の畏敬を受けられた。逆に、それがむなしく終われば、きびしい指弾が待っており、ときに死をまねいたのである。「神殺し」は、それを指した言葉であった。

時代が下って神なる存在への絶対の信頼が揺らいでくるにしたがい、呪的能力者の地位は低くなる。それは失敗した場合の怒りというよりも、はなから彼らに抱く軽侮・賤視の感情に近づいていく。しかし、一方でなお呪的能力への期待は、そう急にはなくならない。このような状態のもとで、呪的能力者への両極の接し方が生まれたのだと思う。

既述のように、わたしはエタのもっとも基本的な性格は、この呪的能力者にあったと考えている。すなわち、エタ差別は右の変遷とぴったり重なるとの立場である。

最後に、その点について、言葉の原義という視点から改めて卑見の説明をしておきたい。おおかたは、すでに書いたことだが、まとめのつもりであり、またこれまでに取上げていない言葉も含まれている。

5 「エタ」の語源は「イチ」の可能性が高い

被差別部落の住民を意味する蔑称の一つに、「ヨツ」という言葉がある。これは、手の平を広げて親指だけを内側に折るしぐさで表現されることも多い。ヨツを「四つ」の意にとって、指四本で示すのであろう。

わたしが一〇代の終わりまで過ごした高知市では、もっぱらこの語で部落民を指していた。エタとかチョウリそのほかの言い方は当時、耳にしたことがなかった。ただし、ずっとのちになって高知県でも、他地域ではエタと呼ぶ場合もいくらでもあることを知った。ヨツの語は山梨県でも聞いたことがある。どうやら、この二県にかぎらず、かなり広い範囲で使われているようだが、なにぶん激しい賤視のひびきがこもった言葉だから、そうそう耳にすることはない。

ヨツの語源は何だろうか。よく言われるのは、四つ足の動物に由来するとの指摘である。部落の住民が、かつてはしばしば斃牛馬の解体・処理を生業にしていたから、そんな呼び方やしぐさが生まれたというのである。高知市あたりでも、まことしやかにそう話す者が少なくなかった。

だが、この俗説には納得しがたいところが、いくつもある。まず、四つ足の動物にかかわって生活していた人びとは、ほかにいくらでもいた。山の猟師などは、その最たる者である。また、牛馬とは無縁に暮らしてきたエタも、きわめて多かった。西日本では、彼らが竹細工を仕事にしているところは頻繁に目にしても、牛馬の解体をするのは見たことがないと話す人も珍しくないのである。

さらに「ヤツ」を「ヨツ」と同義に使う地方があったし、いまもある。この場合も、ヨツをもとにしたいくつかの俗説があるらしい。ヤツは八つで二重の意味でのヨツとか、そんなたぐいである。

わたしはヨツもヤツも、エタの訛りだと考えている。というより、三語ともイチの音変化によってできたのではないか。エタとヨツとは、これだけを取上げると、すぐには結びつけにくいかもしれない。それはイチとエタ、ヨツとのあいだにもいえる。しかし、ある種の宗教者すなわち呪的能力者を指す言葉といっしょに並べて、その音をくらべてみると、互いにかかわりがあることに気づかれるのではないかと思う。

- イチコ　口寄せなどを業としていた一種の巫女《ふじょ》。祈り屋さん。
- イタコ　東北地方における主に盲目の巫女、口寄せ。

・イタカ　中・近世の資料に散見される下級の宗教者。
・ユタ　沖縄・奄美地方の巫女。
・イチ　神楽や湯立てにかかわった神社関係の女性。また、盲人の名に付ける言葉。
・エテコウ　猿のこと。また、鹿児島県の一部では蛇を指した。
・イタコウ　長野県の一部で墓の穴を掘る人。
・イッドン　長崎県・五島で神楽を舞う者（柳田國男『分類祭祀習俗語彙』による）

右のうちコ、カ、コウは「子」すなわち人といったほどの意味である。ドンは「西郷どん」などのドンであることは、いうまでもない。これらを除き、重複分を一つにすると、イチ・イタ・ユタ・エテ・イツが残る。そうして、先のエタ・ヨツ・ヤツの合わせて八語の音には重要な共通点があることに気づく。

いずれも二音節からなり、第一音節は母音または半母音・母音の結合音（要するにヤ行の音で母音に近い）である。第二音節は「t」という子音と母音が結合してできている。イチのチは違うのではないかと思われるかもしれないが、やや古くはこれも「ティ」と発音していた。つまり、どれもタ行の音になる。

いささか理屈っぽい言い方になったが、すべて母音が交替しているにすぎない。この現象は日本語に広くみられる、ごくありふれた音韻通則の一つで、語源を同じくする言葉によく起きる。例えば、ウナギとアナゴである。両語とも母音・ナ行の音・ガ行の音の三音節で構成され、その意味は「穴に棲む子（この場合は小さな動物のこと）」を原義としている。

第二章2節で触れた小鳥の捕獲装置「クビウチ（首打ち）」の方言のうち、クブチ・クブテ・クボテ・コブチ・コブツ・コボテにも同じことがいえる。ウナギとアナゴの場合は、二つが別の動物であることがはっきりしたあと、意図的に母音をずらしたのかもしれないが、クブチ以下は各地方で発生した訛りであろう。日本語の母音は、それほど交替しやすいのである。

話をもとにもどすと、イチ・イタ・ユタ・エテ・イツには、だれにも否定しにくい語義上の共通点がある。つまり、もとは同語だった可能性がきわめて高いと思う。エタ・ヨツ・ヤツも、その意味は元来、右の言葉と同じであったというのが、わたしが本書で言いたかったことである。音も語義も、お互い近い関係にあれば、語源をひとしくすると考えることには合理的な理由がある。

すなわち、エタとイチは本来、同語であり、エタ差別とはイチ（呪的能力者）差別にほかならない。これが、本書の結論になる。

おわりに

ちょうど二一世紀に入った年から五、六年ほど、わたしはサンカの一類型である関東地方の「ミナオシ」と呼ばれる人びとについて集中的に聞取り調査をしたことがあった。彼らは、その呼称のとおり農具の箕《み》の製作・販売・修繕を生業とする集団だったが、わたしが取材を始めたころには、すでにかつての仕事をつづけている人はほとんどいなくなっていた。農業機械の普及で、箕はその役割を終えていたのである。

しかし、箕とそれを作っていた職能民にかかわる話は、村落社会を歩けば、いくらでも聞くことができた。そのどれもが、わたしには新鮮であったが、彼らが農民やそのほかの地域生活者から、きわめて厳しい差別・賤視の対象になっていたという事実が、とりわけ強い印象として残った。

そんなことは、それまでに目にした書物では読んだことがなかった。その後においても同様である。箕は米などの穀物を食べられる状態にするためには、欠かせない道具であった。

竹や藤などの植物を材料にするものだから、どう考えても血穢《ちえ》や死穢《しえ》とのかかわりはない。それなのに、その製作などを生業とする者が、なぜ差別されるのか。わたしが社会的差別の根源は何に由来するのか気にしはじめたのは、それがきっかけだったように思う。

以来、二〇年近くが過ぎた。そのあいだに得た知見は、本書に記したとおりである。それらは、ほかの研究者の指摘に全く見られないような斬新あるいは突飛なものではない。少なくとも部分的に似た考え方は、珍しくないのではないか。ただし、エタの語源を卑見のような形で示した説は、おそらく皆無であろう。そこに本書の意義のようなものがあるのかもしれない。

本書の内容には、これまでの何冊かの拙著で断片的に述べたことが含まれている。それを読まれて、まとめてみてはどうかと勧めていただいたのが河出書房新社の西口徹氏であった。わたしは売れ行きを危惧したが、とにかく同氏の言葉に甘えることにしたのである。西口氏や編集作業に当たられたそのほかの皆さま、および取材に対してご協力いただいた、ときに名前もうかがっていない多くの方がたに、この場をお借りして心よりのお礼を申し上げます。

平成三十年初夏　著者

＊本書は書き下ろし作品です。

筒井 功

（つつい・いさお）

1944年、高知市生まれ。民俗研究者。
元・共同通信社記者。正史に登場しない非定住民の生態や民俗の調査・取材を続けている。著書に『ソ連の旅』『韓国を食べ歩く』『中央アジア・シルクロード』『漂泊の民サンカを追って』『サンカ社会の深層をさぐる』『サンカと犯罪』『サンカの真実　三角寛の虚構』『風呂と日本人』『葬儀の民俗学』『新・忘れられた日本人』『日本の地名　60の謎の地名を追って』『東京の地名　地形と語源をたずねて』『サンカの起源　クグツの発生から朝鮮半島へ』『猿まわし　被差別の民俗学』『ウナギと日本人』『「青」の民俗学　地名と葬制』『殺牛・殺馬の民俗学　いけにえと被差別』『忘れられた日本の村』『アイヌ語地名と日本列島人が来た道』『日本の「アジール」を訪ねて　漂泊民の場所』がある。第20回旅の文化賞受賞。

賤民と差別の起源

イチからエタへ

二〇一八年　六　月二〇日　初版印刷
二〇一八年　六　月三〇日　初版発行

著　者――筒井 功
発行者――小野寺優
発行所――株式会社河出書房新社
〒一五一―〇〇五一
東京都渋谷区千駄ヶ谷二―三二―二
電　話――〇三―三四〇四―一二〇一［営業］
〇三―三四〇四―八六一一［編集］
http://www.kawade.co.jp/
組　版――有限会社マーリンクレイン
印　刷――モリモト印刷株式会社
製　本――小高製本工業株式会社

ISBN978-4-309-22734-4
Printed in Japan

筒井功・著

猿まわし　被差別の民俗学

中世以前、猿は信仰され、
馬の守り神でもあったのが、
猿に関わる人はなぜ、
差別されるようになったのか。
猿まわしからさかのぼり、
各地の「猿地名」と、
呪的能力者から探る。

河出書房新社

筒井功・著

日本の「アジール」を訪ねて

漂泊民の場所

戦後まだ、いたるところで
乞食、サンカ、病者、芸能民、
被差別民などの漂泊放浪民が
移動生活をおこなっていた。
かれらが生活の拠点とした
洞窟などの「アジール」を
全国に訪ね、暮らしの実態を追う
画期的なノンフィクション。
もうひとつの戦後昭和史。

河出書房新社

筒井功・著

殺牛・殺馬の民俗学

いけにえと被差別

なぜ雨乞いで牛馬の首を切ったのか。
農耕民族に雨乞いは死活問題だった。
その最終手段として、
供犠の折に牛馬の首がはねられ、
滝壺に落とされた。
その役目を多く被差別民が担った。
各地にその風習の跡と意味を探る。

河出書房新社